서울 산 가는 길

신명호 지음

깊은솔

서울 산 가는 길

지은이 신명호
펴낸이 장인행

인쇄 2012년 12월 15일
발행 2012년 12월 25일

펴낸곳 **깊은솔**
주   소 서울특별시 종로구 구기동 85-9번지 인왕B/D 301호
전   화 02 - 396 - 1044(대표) / 02 - 396 - 1045(팩스)
등   록 제1 - 2904호(2001. 8. 31)

ⓒ 신명호, 2012
mobile : 011-9652-3966
e-mail : hosan1@hanmail.net

ISBN 978-89-89917-38-0 13990

값 7,800원

- 인지는 저자와의 협의에 의하여 생략합니다.
- 본 도서의 무단복제 · 전재 · 전송 행위는 저작권법에 의해 처벌받게 됩니다.
- Printed in Seoul, Korea

책을 펴내면서

　경제성장과 국민생활의 향상으로 인하여 건강과 취미 생활에 관심이 깊어지면서 등산인구가 폭발적으로 늘어나고 있습니다. 등산은 건강생활에 최고이며 이제 일상생활이 되었습니다. 필자는 건강위해 산행을 시작한 것이 동기가 되어 35년간 등산을 하였으며 그동안 1,400산을 등정하였습니다.

　그동안 산행으로 터득한 산행 경험과 산행지식을 모아 『한국 700명산』 『한국 100대 명산』 『서울에서 가까운 200명산』 『첩첩산중 오지의 명산』 『영호남 200명산』 『수도권 전철 타고 가는 산』을 출간하였으며, 다시 『서울 산 가는 길』을 출간하게 되었습니다.

　출간한 책 내용은 모두 필자가 직접 산행을 통하여 경험한 내용이며, 부족한 부분들을 재 답사를 통해 정성을 다하여 기록하였습니다. 서울산 가는길은 북한산, 도봉산, 관악산, 청계산, 남한산성의 수많은 등산로를 정리하여 1일 산행코스로 적절하다고 판단이 된 코스를 선정하여 기록하였으며 기타 수도권의 산은 대표적인 코스 한 곳만 기록하였습니다.

　산행은 안내대로만 진행을 하면 누구나 산행을 할 수 있도록 자세하게 기록을 하였습니다.

　산행을 할 때는 지도를 지참하고 안전산행을 기본으로 하시기 바랍니다.

저자 신 명 호

차례

- 책을 펴내면서///3
- 차례///4
- 일러두기///6

북한산 ······································ 7
- 북한산성 코스///8
- 숨은벽 코스///10
- 진관사 코스///12
- 족두리봉 코스///14
- 구기동 코스///16
- 형제봉-의상봉 코스///18
- 정릉 코스///20
- 칼바위능선 코스///22
- 아카데미하우스 코스///24
- 진달래능선 코스///26
- 도선사 코스///28

도봉산 ······································ 29
- 만월암 코스///30
- 다락능선 코스///32
- 보문능선 코스///34
- 무수골 코스///36
- 원효사 코스///38
- 송추계곡 코스///40
- 오봉 코스///42

사패산 ······································ 44
- 회룡역 코스///44
- 예술의전당 코스///46

관악산 ······································ 47
- 서울대입구 코스///48
- 사당역 코스///50
- 정부과천청사역 코스///52
- 인덕원역 코스///54

삼성산 ······································ 56
- 학우능선 코스///56
- 석수능선 코스///58
- 신림역 코스///60
- 장군봉 코스///62

청계산 ···················· 64
 청계산역 코스///64
 화물터미널 코스///66
 매봉(응봉) 코스///68

수락산 ···················· 70
 수락산역 코스///70
 장암역 코스///72
 청학리 코스///74

불암산 ···················· 76
 상계역 코스///76
 효성아파트 코스///78

남한산성 ·················· 79
 금암산 코스///80
 마천역 코스///82
 벌봉 코스///84
 남한산성입구역 코스///86

검단산 ···················· 88
용마산 ···················· 90
예봉산 ···················· 92
갑산 ······················ 94
운길산 ···················· 96
대모산 · 구룡산 ············ 98
우면산 ···················· 100
용마산 · 아차산 ············ 102
인능산 ···················· 104
영장산 ···················· 106
문형산 ···················· 108
불곡산 ···················· 110
봉산 · 앵봉 ················ 112
바라산 ···················· 114
백운산 ···················· 116
광교산 ···················· 118
수리산 ···················· 120
수암봉 ···················· 122
북한산국립공원 둘레길 ······ 124
 • 수도권전철노선도///128

일러두기

1. 『서울 산 가는 길』은 서울 주변에 위치한 산이다. 특히 북한산, 도봉산, 관악산, 청계산, 수락산, 불암산, 남한산성은 등산로가 너무 많아 혼란스러워 주요한 등산로를 코스 별로 정리하여 기록하였다.
2. 등산로는 혼란을 피하기 위해 안내하는 등산로는 적색점선(----)으로 하고, 기타 등산로는 검은점선(----)으로 표시하였다.
3. 등산로는 산행기점에서 적색점선 등산로를 따라 정상에 오른 후, 하산 지점까지 진행하는 실제 산행과정과 산행시간을 기록한 것이다.
4. 본문은 개요, 등산로 진행 설명, 교통, 식당 순으로 정리하였다.
5. 소요시간은 보통사람의 시간이며 총 소요시간은 구간별 시간 합계에서 1시간(점심+휴식시간)을 더 포함한 시간이다.
6. 교통편은 전동열차 편과 연계버스 편을 기록하였다.

지도에 표시된 기호

도 계	임 도	헬 기 장	⊕	표 적 물	●
군 계	안내등산로	샘 (식 수)	㊌	산 불 초 소	
면 계	미확인산길	묘 (무 덤)	△	통 제 소	
철 도	소 요 시 간 ←20분	폭 포		과 수 원	○
고 속 도 로	능 선	주 요 안 부	●	밭 · 논	
국 도 (37)	계 곡	주 갈 림 길	○	교회(기도원)	
지 방 도 (371)	합 수 곡	절 (암 자)	卍	학교(학교터)	
기 타 도 로	삼 각 점 봉	△	성 (성 터)	⊐⊏	주 차 장	P
소 형 차 로	산 봉 우 리	▲	다 리 (교)	⋈	버스정류장	

북한산

서울특별시 · 경기도 (서울特別市 · 京幾道)

4·19 묘소에서 바라본 북한산 동부 전경.

　북한산(北漢山, 837m)은 수도 서울을 감싸고 있는 우리나라 수도 서울의 상징적인 산이다.

　우이령을 사이에 두고 북동쪽은 도봉산 남서쪽은 북한산이다. 백운대, 인수봉, 만경대의 거대한 삼각봉을 이루고 있어 삼각산이라고도 한다. 북쪽 백운대에서 시작하는 주능선은 남쪽 보현봉에 이른 후에 고도를 낮추어 인왕산을 끝으로 가라앉는다. 주능선은 북한산성으로 둘러싸여 있으며 위문을 비롯하여 12개의 성문과 1개의 중성문이 있다. 북한산은 1983년 4월 2일 도봉산과 함께 우리나라 15번째 북한산국립공원으로 지정되었다.

　북한산 산행 코스는 너무나 많고 복잡하다. 자연상태 훼손을 줄이기 위해 수도권 외곽지역의 산으로 분산 산행을 하는 것이 바람직하며, 수도권에서 전철을 타고 갈 수 있는 산이 많이 있다.

　많은 등산로 중에서 소개하는 등산로는 적색으로 대표적인 등산로만 소개하고 기타 등산로는 흑색으로 표시하였다. 대부분의 등산로에는 이정표가 있어 취향에 따라 이정표를 확인하면서 산행을 하면 산행을 하는데 큰 어려움은 없다.

북한산(北漢山) 837m 북한산성 코스

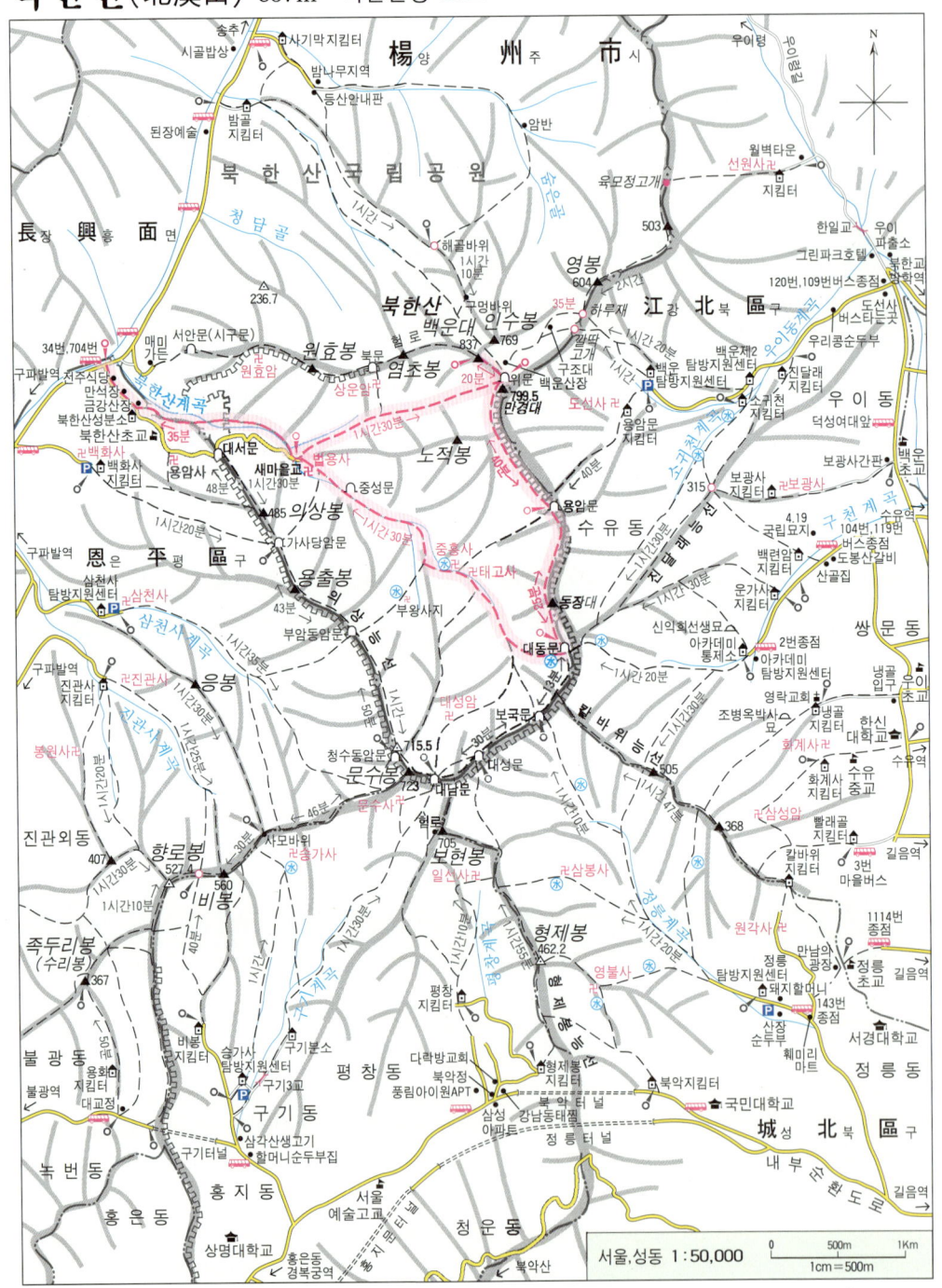

북한산 북한산성 코스

북한산성 입구–새마을교–백운대–대동문–북한산성 입구 총 6시간 58분 소요

북한산성 입구→ 38분 → 새마을교→ 90분 → 위문→ 20분 → 백운대→ 20분 →
위문→ 40분 → 용암문→ 25분 → 대동문→ 90분 → 새마을교→ 35분 → 북한산성 입구

   3호선 구파발역 2번 출구에서 북한산성 방면 34번, 704번 버스를 타고 북한산성 입구 하차 후, 오른편 차로를 따라 7분을 가면 북한산성지원센터가 나온다. 지원센터에서 50m 거리 갈림길에서 왼쪽으로 가면 북한산 둘레길과 백운대 등산로 갈림길이 나온다. 갈림길에서 계곡 오른편 길을 따라 31분을 가면 새마을교 삼거리가 나온다.

   삼거리에서 왼쪽으로 간다. 왼쪽으로 15분을 가면 원효봉 갈림길이 나오고, 여기서 오른쪽으로 8분을 가면 계곡을 건너 등산로가 이어진다. 잘 다듬어진 돌계단길을 따라 40분을 오르면 약수암 터를 지나 22분을 더 오르면 삼거리가 나온다. 삼거리에서 직진으로 7분을 오르면 위문이다. 위문에서 왼편 바윗길을 따라 20분을 오르면 백운대에 닿는다.

   하산은 위문으로 다시 내려온다. 위문에서 대동문에 이르기까지 주능선 성곽길은 뚜렷하고 수많은 갈림길이 나온다. 하지만 이정표가 잘 배치되어 있어서 이정표만 확인을 하면서 산행을 하면 큰 어려움이 없다. 위문에서 오른쪽 비탈길을 따라 40분 거리에 이르면 용암문이 나오고 계속 25분을 가면 대동문이 나온다.

   대동문에서 북한산성 입구 쪽은 오른쪽으로 간다. 오른쪽으로 내려가면 계곡길로 이어지며 태고사입구 중흥사를 거쳐 1시간 30분을 내려가면 새마을교에 닿는다. 세마을교에서 2분 거리 갈림길에서 오른편 계곡길을 따라 33분 내려가면 북한산성입구 버스정류장이다.

백운대에서 바라본 인수봉

● 교통
구파발역 2번 출구에서 704번, 34번 이용 북한산성 입구 하차.

■ 식당
옛골토성(오리) : 고양시 덕양구 북한동 422-2. 02-385-3064

만석장(일반식) : 고양시 덕양구 북한동. 02-385-3064

전주식당(일반식) : 은평구 진관동 279-37. 02-355-3300

가야밀냉면(일반식) : 은평구 진관내동 85. 02-356-5546

북한산(北漢山) 837m 숨은벽 코스

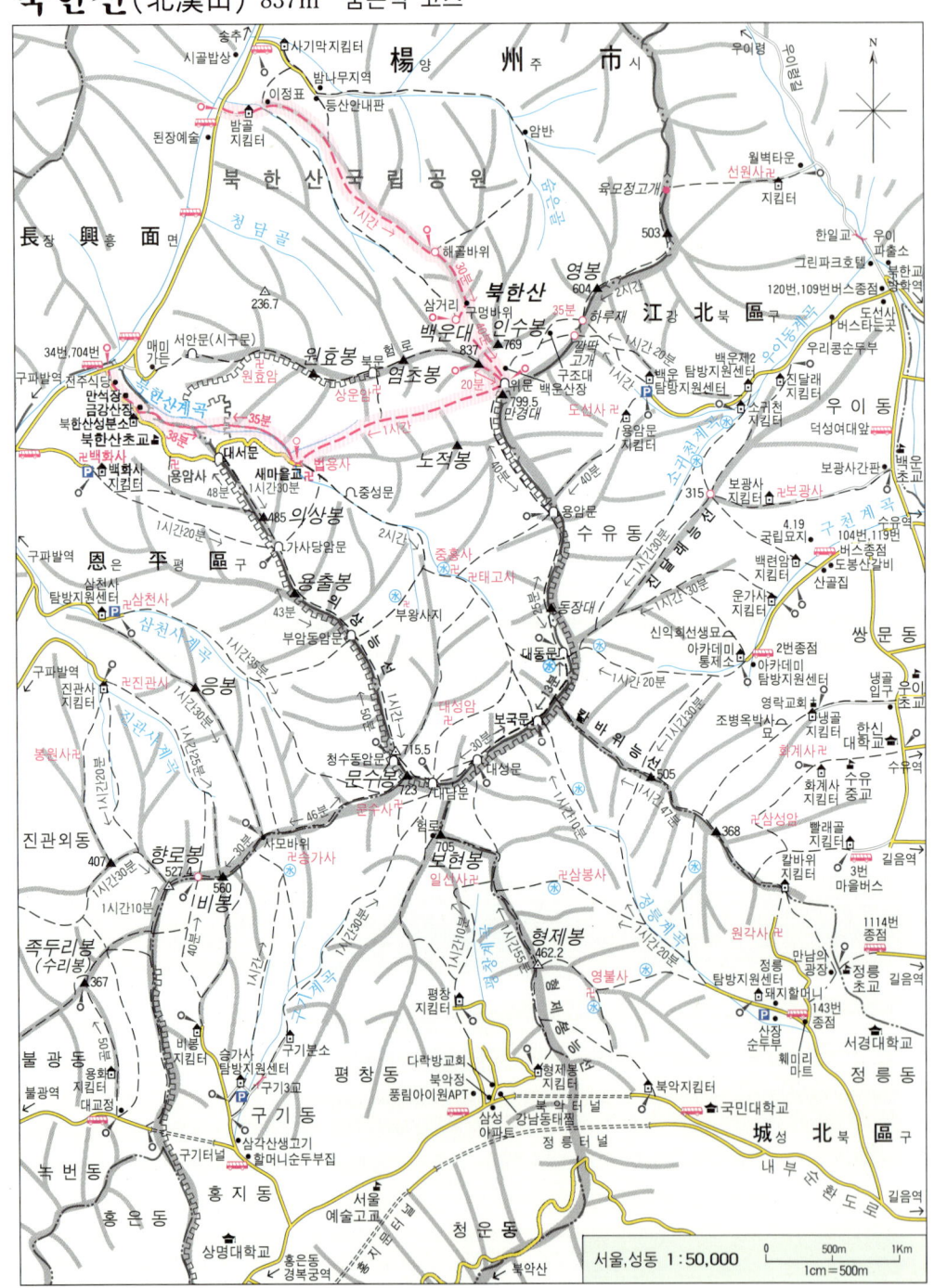

북한산 숨은벽 코스

밤골지킴터-해골방위능선-숨은벽-위문- 백운대-북한산성 입구   총 5시간 24분 소요

효자2동→ 60분→ 해골바위→ 30분→ 삼거리→ 40분→ 위문→ 20분→
백운대→ 20분→ 위문→ 60분→ 새마을교→ 35분→ 북한산성 입구

효자 2동 버스정류장에서 북쪽 60m 거리 국사당 간판 오른편으로 소형차로를 따라 4분을 가면 밤골지킴터 삼거리가 나온다. 여기서 오른쪽은 계곡길, 왼쪽은 능선길로 이어져 숨은벽골 상단에서 만나 백운대로 오르는 길이다.

지킴터에서 왼쪽으로 3분을 가면 삼거리가 나온다. 삼거리에서 오른쪽 지능선을 따라 43분을 오르면 바윗길이 시작된다. 바윗길을 타고 10분을 오르면 해골바위 위에 선다.

해골바위 위에서 직진 5분 거리 봉에서 오른쪽으로 10분을 가면 바위 절벽길이 시작된다. 바윗길 따라 가다가 왼쪽 우회길로 6분을 가면 구멍바위 북쪽 면에 닿는다. 여기서 오른편 구멍바위를 통과하여 9분을 내려가면 계곡 삼거리가 나온다.

삼거리에서 왼쪽 계곡을 따라 30분을 오르면 고개를 통과하고, 70m 정도 내려가면 이정표 삼거리가 나온다. 삼거리에서 오른쪽으로 7분을 가면 위문이다. 위문에서 오른쪽으로 20분을 오르면 백운대에 닿는다.

백운대에서 다시 위문으로 내려온 다음, 남쪽으로 3분을 내려가면 삼거리다. 삼거리에서 오른쪽 길을 따라 39분을 내려가면 계곡을 건너간다. 계곡을 건너 6분을 내려가면 원효봉 갈림길을 통과하고 12분을 더 내려가면 새마을교에 닿는다.

새마을교에서 2분 거리 삼거리에서 오른편 하산길을 따라 26분을 내려가면 북한산지원센터가 나온다. 여기서 버스정류장까지는 7분 거리다.

숨은벽 북쪽에 위치한 해골바위.

●교통
구파발역 2번 출구에서 704번, 34번 버스 이용 효자2동 하차.

■식당
만석장(일반식) : 고양시 덕양구 북한동. 02-385-3064

옛골토성(오리) : 고양시 덕양구 북한동 422-2   02-385-3064

전주식당(일반식) : 은평구 진관동 279-37.   02-355-3300

가야밀냉면(일반식) : 은평구 진관내동 85.   02-356-5546

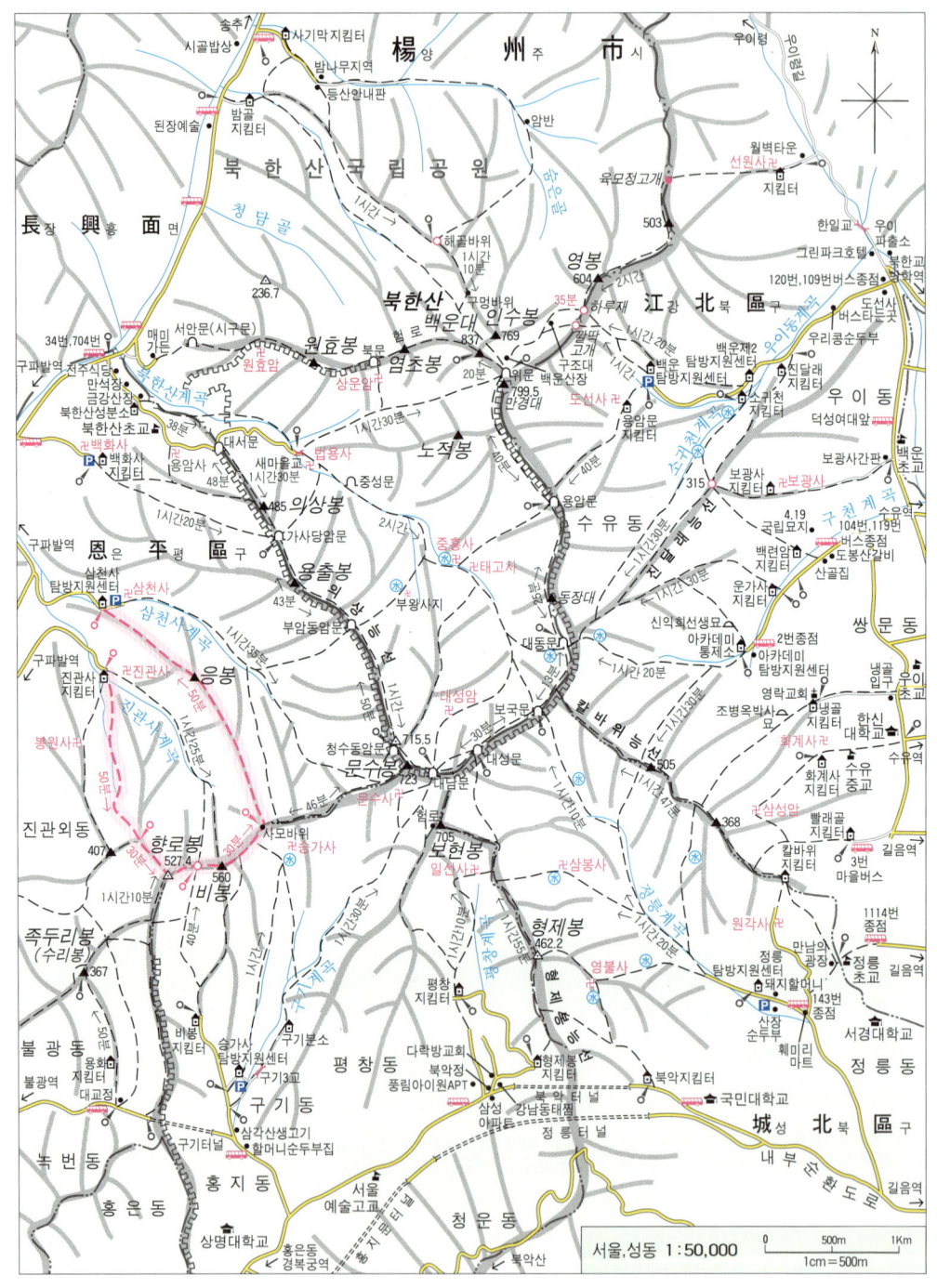

북한산 진관사 코스

진관사-향로봉-사모바위-응봉능선-삼천사 총 3시간 40분 소요

진관사 입구 → 50분 → 능선사거리 → 30분 → 향로봉 입구 안부사거리 → 30분 → 사모바위 → 50분 → 삼천사 입구

3호선 구파발역 3번 출구에서 7723번 버스를 타고 하나아트센터 진관사 입구 하차한 다음, 바로 동쪽 진관사로 가는 도로를 따라 8분을 가면 진관사지킴터를 지나 다리가 나온다. 여기서 다리를 건너 길은 진관사를 거쳐 진관계곡으로 오르는 길이고, 다리 건너기 전에 오른쪽은 향로봉 길이다. 오른쪽 계단 산책로를 따라 100m 가면 오른편으로 등산로입구 표시가 나온다. 여기서 오른쪽으로 간다. 처음에는 능선으로 가다가 비탈길로 이어지면서 12분을 가면 계곡길이 끝나고 능선으로 이어져 28분을 오르면 안부사거리가 나온다.

안부에서 동쪽 바위 능선길을 따라 30분 정도 오르면 향로봉 입구 안부사거리가 나온다.

향로봉은 입산 금지하므로 동쪽 능선으로 간다. 능선길은 무난한 편이며 10분 정도 가면 식탁바위가 나오고 10분을 더 가면 비봉 위험 안내문이 나온다. 여기서 왼편으로 돌아 8분 정도 가면 사모바위 삼거리가 나온다.

사모바위에서는 주능선을 벗어나 서쪽 응봉능선을 탄다. 처음에는 하산길이 희미하게 보이지만 점차 뚜렷한 응봉능선을 타고 10분을 내려가면 쇠줄을 통과하는 바윗길이 나타난다. 여기서 조심하여 내려서면 하산길은 무난하게 이어지며 25분을 내려가면 삼거리가 나온다. 삼거리에서 오른편 길을 따라 15분을 내려가면 삼천사 입구가 나온다. 여기서부터 소형차로를 따라 10분을 내려가면 하나아트센터 2차선도로에 닿는다.

진관사 전경.

● **교통**
3호선 구파발역 3번 출구에서 7723번 이용, 진관사 입구 하차.

■ **식당**
진미집(닭) : 은평구 진관내동 심친사 입구. 02-381-3353

수복집(닭) : 은평구 진관동 30-9. 02-381-6948

삼천상회(일반식) : 은평구 진관내동 산32-1. 02-381-0670

북한산(北漢山) 837m 족두리봉 코스

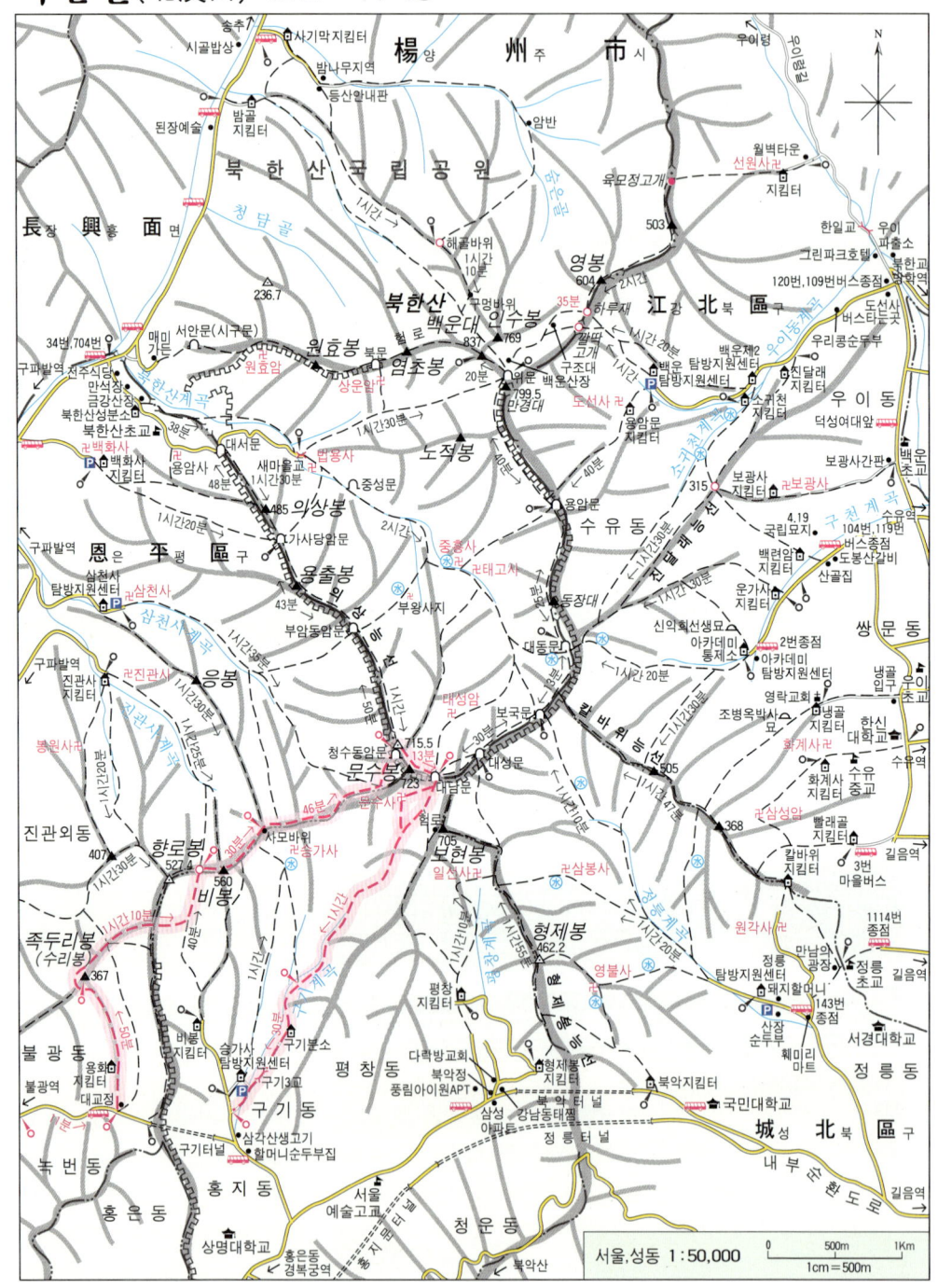

북한산 족두리봉 코스

3호선 불광역-족두리봉-향로봉-문수봉-대남문-구기터널 입구 총 5시간 59분 소요

대교정→ 50분→ 족두리봉→ 70분→ 향로봉 입구 안부사거리→ 76분→
청수동암문→ 13분→ 대남문→ 90분→ 구기터널 입구

　3호선 불광역 2번 출구에서 구기터널 쪽으로 인도를 따라 11분을 가면 대교정식당 입구이다. 여기서 왼편 대교정식당 쪽 골목길을 따라 4분을 가면 통나무집이 나온다. 통나무집에서 4분 들어가면 삼거리 용화1통제소이다. 용화1통제소에서 왼쪽 등산로를 따라 20분을 오르면 오른쪽에서 오르는 합길이 나온다. 합길에서 왼쪽 능선을 따라 20분을 더 오르면 거대한 바위 족두리봉에 닿는다.

　족두리봉에서 북동 방향으로 25분을 가면 5거리다. 5거리에서 직진 20분을 오르면 지킴터를 지나 오른쪽으로 25분을 가면 향로봉 입구 안부사거리다.

　안부사거리에서 동쪽으로 이어지는 능선을 따라 56분 거리에 이르면 문수봉 전 삼거리가 나온다. 삼거리에서 오른쪽은 문수봉으로 오르는 암릉길이고, 왼쪽은 청수동암문이다. 갈림길에서 왼쪽으로 20분을 오르면 청수동암문이다.

　청수동암문에서 오른쪽으로 7분을 올라가면 문수봉 삼거리에 닿는다. 여기서 문수봉은 바위 경험자만 오를 수 있다. 문수봉삼거리에서 6분을 더 내려가면 대남문이다.

　대남문에서 오른쪽 구기터널 쪽으로 내려간다. 하산길은 문수사를 거쳐 가는 길과, 직진길 모두 구기동 입구로 하산길이다. 구기동 계곡길을 따라 1시간을 내려가면 승가사로 가는 삼거리가 나오고, 30분을 더 내려가면 구기터널 입구 버스정류장에 닿는다.

탕춘대능선에서 바라본 족두리봉.

● **교통**
3호선 불광역 2번 출구.

■ **식당**
통나무집(닭,오리) : 은평구 불광동 630-46.　02-356-5533

대교정(닭, 오리) : 은평구 불광동 구기터널 입구.　02-359-6097

삼각산(생삼겹살) : 종로구 구기동 85-25.　02-379-8710

할머니순두부 : 종로구 구기동 85-9.　02-379-6276

북한산(北漢山) 837m 구기동 코스

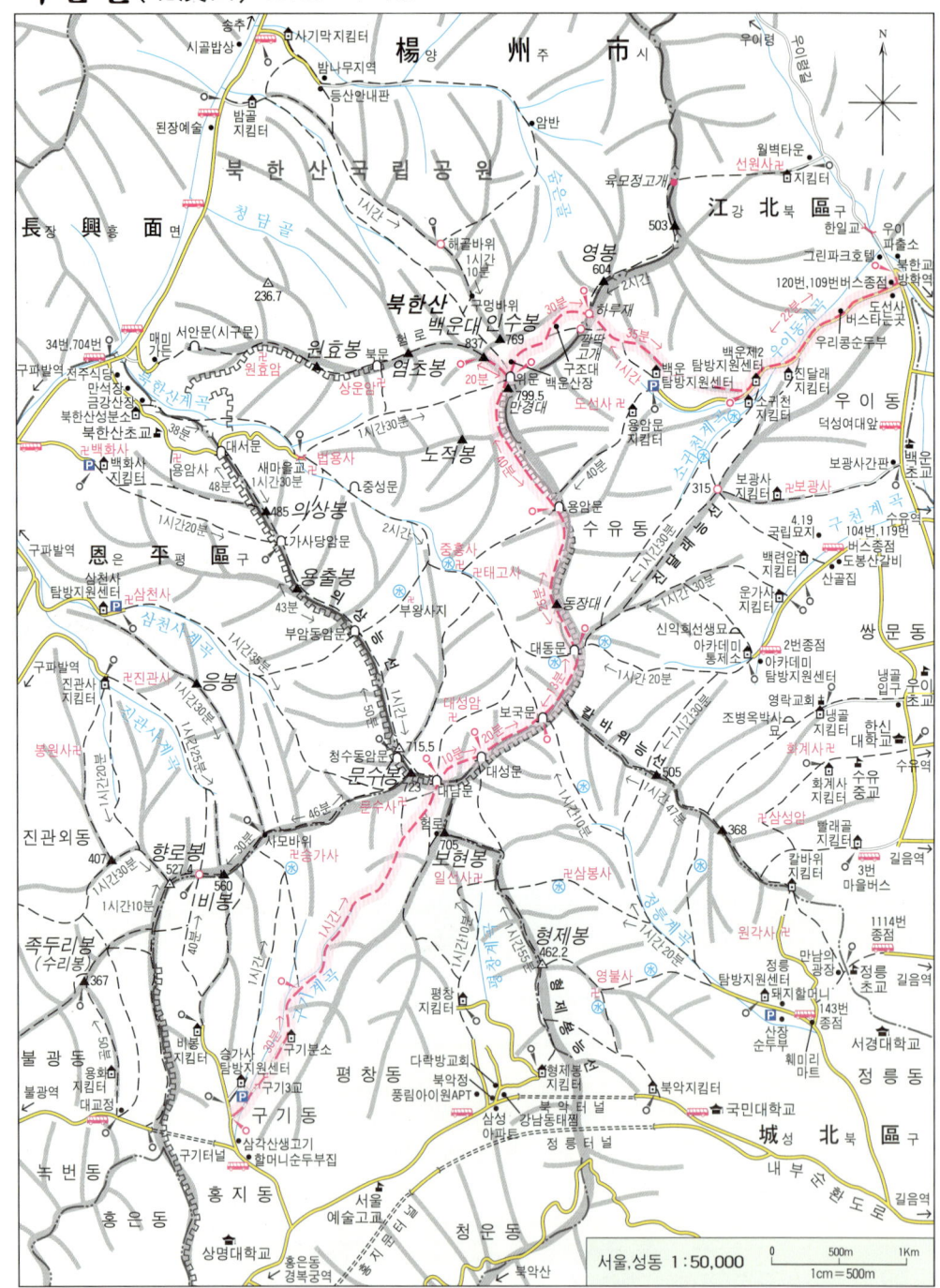

북한산 구기동 코스

구기터널 입구-대남문-대동문-백운대-위문-우이동 총 6시간 25분 소요

구기터널 입구→ 90분→ 대남문→ 43분→ 대동문→ 65분→ 위문→ 20분→

백운대→ 20분→ 위문→ 30분→ 하루재→ 57분→ 우이동

구기동 구기터널 동쪽 100m 전 삼거리에서 북쪽으로 100m 거리에 이르면 오른쪽 계곡을 따라 소형차로가 있다. 여기서 오른편 소형차로를 따라 끝까지 가면 왕금산장에서 차로가 끝나고 등산로가 시작된다. 뚜렷한 등산로를 따라 가면 구기동지킴터가 나오고 10분을 더 가면 삼거리가 나온다. 왼쪽은 승가사, 오른쪽은 대남문이다.

삼거리에서 오른쪽 구기동계곡을 따라 40분을 오르면 갈림길이 나온다. 갈림길에서 오른쪽으로 20분을 더 오르면 대남문이다.

대남문에서 오른편 비탈길을 따라 30분을 가면 대성문을 지나서 보국문이다. 보국문을 지나서 성벽을 따라 13분을 가면 대동문이다.

대동문에서 계속 성벽길을 따라 25분을 가면 동장대를 지나서 용암문이다. 용암문에서 왼편 비탈길로 이어지면서 40분 거리에 이르면 위문이 닿는다.

위문에서 바윗길을 타고 20분을 오르면 북한산 정상 백운대에 닿는다.

정상에 서면 바로 북쪽에 인수봉 동남쪽에 만경대 삼각봉이 웅장한 형태를 이루고 있다.

하산은 다시 위문으로 내려가서 왼편 우이동 방면으로 30분 내려가면 하루재에 닿는다.

하루재에서 직진 10분을 가면 갈림길이 나온다. 갈림길에서 오른쪽은 도선사 주차장이고, 왼쪽은 백운교이다. 왼쪽으로 25분을 내려가면 백운교에 닿는다. 여기서부터 도로를 따라 22분을 내려가면 우이동 버스종점이다.

●교통
3호선 불광역 2번 출구에서 직진 신호등 건너 구기터널 쪽 7022번 7211번 7212번, 구기터널 통과 후 하차.

■식당
삼각산(삼겹살) : 종로구 구기동 85-25. 02-379-8710

우리콩순두부 : 강북구 우이동 도선사 입구. 02-995-5918

금천옥(설렁탕) : 강북구 우이동 5-1. 02-904-5191

암산으로 이루어진 북한산 능선.

북한산(北漢山) 837m 형제봉-의상봉 코스

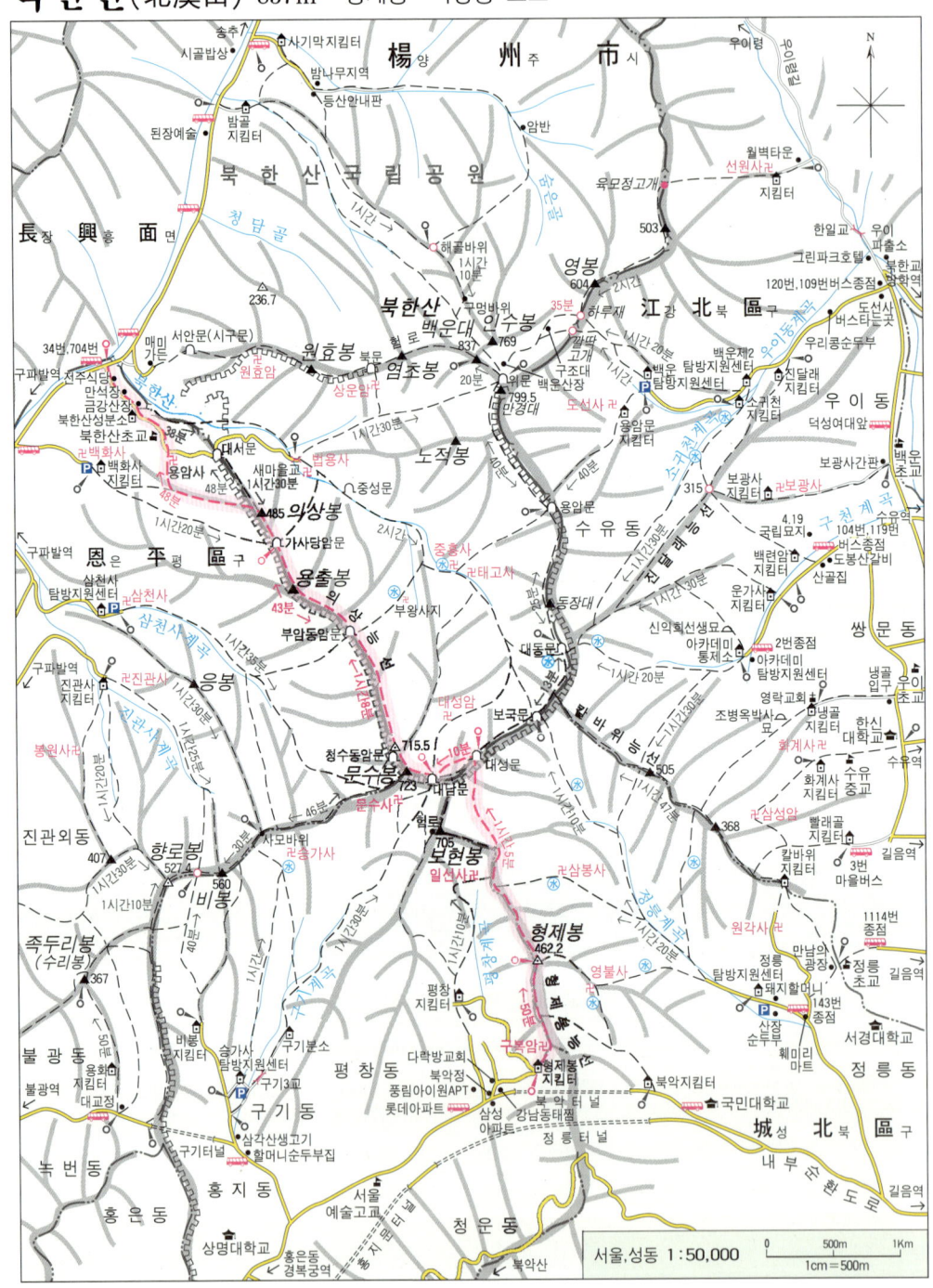

북한산 형제봉-의상봉 코스

북악터널(서)-형제봉-대남문-의상봉-북한산성 입구 총 5시간 44분 소요

형제봉지킴터→ 50분→ 형제봉→ 75분→대남문→ 68분→ 부왕동암문→ 43분→
가사당암문→ 48분→ 북한산성 입구 버스정류장

4호선 길음역 3번 출구에서 7211번 버스를 타고 북악터널 통과 바로 롯데아파트 하차 후, 북악터널 쪽 100m 북악정 오른쪽 산복도로 따라 70m 삼거리에서 오른쪽으로 300m 가면 형제봉 입구가 나온다. 여기서 둘레길 아치를 통과 7분을 오르면 구복암 입구을 지나서 8분을 더 오르면 형제봉능선에 닿는다. 능선에서 북쪽 능선을 따라 35분을 오르면 삼거리 형제봉에 닿는다

형제봉에서 북쪽 능선을 따라 35분 거리 일선사 갈림길에서 직진, 능선을 따라 가면 바로 갈림길이 나온다. 여기서 오른쪽으로 30분을 가면 대성문이 나오고, 대성문에서 왼쪽으로 10분을 가면 대남문이다.

대남문에서 성곽을 따라 직진 10분 거리 문수봉 삼거리에서 오른쪽으로 7분 내려가면 청수동암문이다. 여기서 직진 성곽을 따라 7분을 오르면 삼각점봉 삼거리다. 삼거리에서 왼쪽 의상봉 능선 바윗길을 따라 20분을 내려가면 안부가 나온다. 안부에서 오른편 비탈길을 따라 8분을 가면 갈림길이고, 갈림길에서 왼쪽으로 16분을 가면 부암동암문이다. 왼쪽은 삼천사 방면이다.

부암동암문에서 직진 43분 거리에 이르면 가사당암문이 나온다. 왼쪽은 백화사 방면이고 직진으로 16분을 오르면 의상봉이다. 의상봉에서 2분을 내려가면 갈림길이 나온다. 왼쪽은 백화사, 직진은 북한산성 입구다. 직진 길을 따라 10분을 내려가면 차로에 닿고, 20분을 더 내려가면 북한산성 입구 버스정류장이다.

응봉능선에서 바라본 의상봉능선.

● 교통
4호선 길음역 3번 출구에서 3호선 불광역 2번 출구 구간을 통과하는 7211번 버스 이용, 북악터널 서편 100m 롯데아파트 앞, 삼성아파트 앞 하차.

■ 식당
옛골토성(오리) :
은평구 진관동 북한산성 입구.
02-385-3064

만석장(일반식) :
은평구 진관동 278-32.
02-385-2093

북한산(北漢山) 837m 정릉 코스

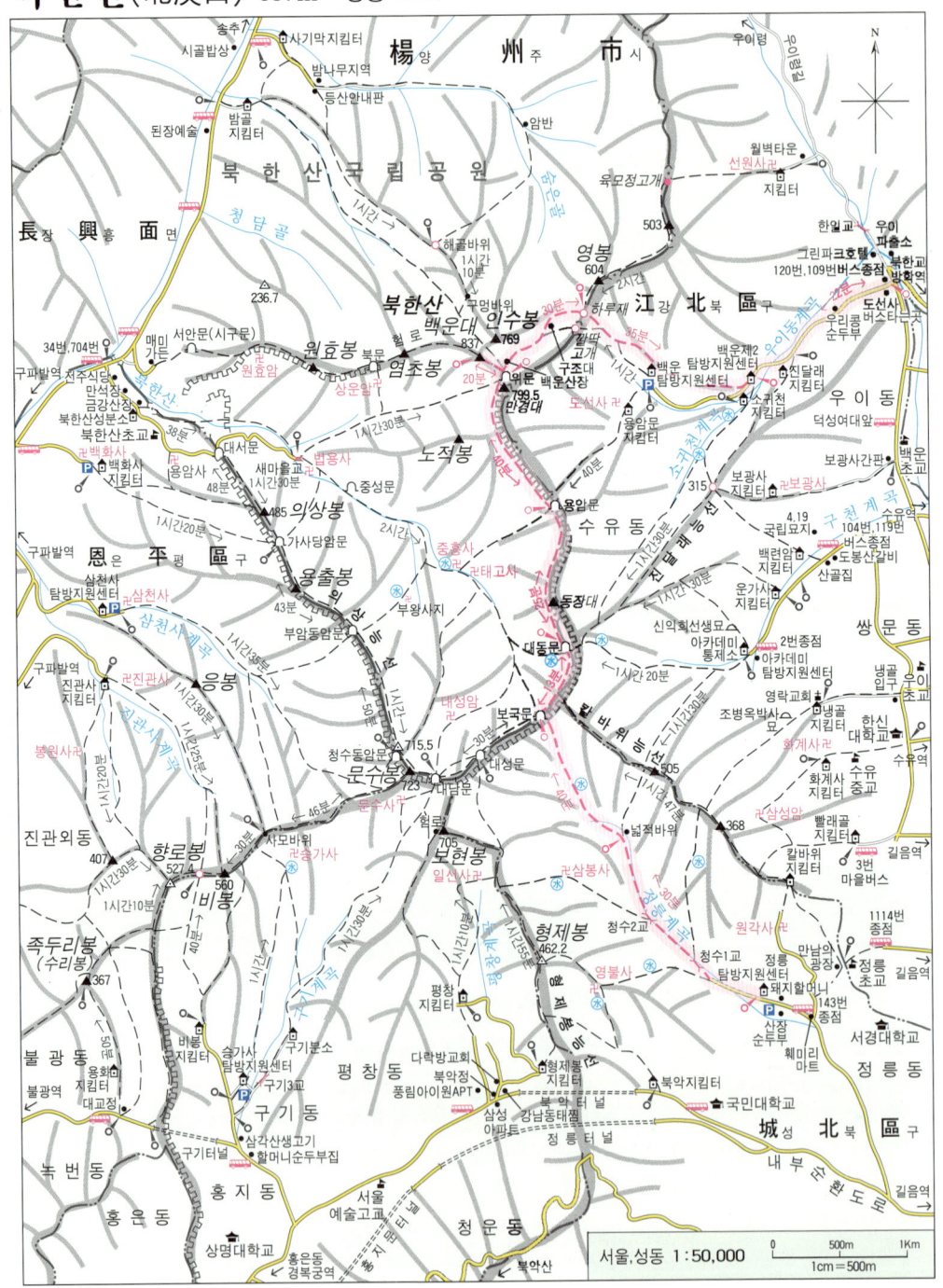

북한산 정릉 코스

정릉 입구-보국문-대동문-위문-백운대-우이동 총 5시간 35분 소요

정릉지원센터→ 70분→ 보국문→ 13분→ 대동문→ 25분→ 용암문→ 40분→ 위문→ 20분→ 백운대→ 20분→ 위문→ 30분→ 하루재→ 57분→ 120번 종점

4호선 수유역 3번 출구에서 정릉행 143번 버스를 타고 정릉 종점 하차. 종점에서 100m 거리에 이르면 정릉탐방지원센터가 나온다. 지원센터에서 주자창을 지나 4분 거리에 이르면 청수1교를 지나 삼거리다. 삼거리에서 왼쪽으로 5분을 가면 청수2교 삼거리가 나오고, 삼거리에서 계곡 오른쪽 등산로를 따라 21분을 가면 넓적바위 삼거리가 나온다. 삼거리에서 왼쪽으로 40분을 오르면 보국문에 닿는다.

보국문에서 오른편 성곽을 따라 13분을 가면 대동문이 나오고, 대동문에서 25분을 가면 용암문이다. 용암문에서 오른쪽은 도선사로 하산길이다. 용암문에서 만경대 서쪽으로 이어지는 비탈길을 따라 40분 거리에 이르면 위문에 닿는다.

위문에서 거대한 바윗길을 타고 20분을 오르면 백운대 북한산 정상에 닿는다.

백운대에 서면 북쪽으로 인수봉 동남쪽으로 만경대 백운대와 함께 삼각봉을 이루고 있다.

하산은 위문으로 다시 내려선 다음, 우이동 방면은 위문에서 왼쪽 하산길을 따라 내려가면 백운산장을 지나고 구조대를 지나면서 25분을 내려가면 하루재에 닿는다.

하루재에서 10분 내려가면 갈림길이 나온다. 갈림길에서 오른쪽으로 5분 내려가면 도선사주차장이다.

* 갈림길에서 왼쪽으로 25분 내려가면 능선으로 이어져 백운교에 닿고, 백운교에서 도로를 따라 22분을 내려가면 120번 종점이다.

보국문 성벽길.

●교통
4호선 길음역 3번 출구에서 143번 버스 이용, 종점 하차.

■식당
산장순두부촌 : 성북구 정릉4동 822-33. 02-919-1599

돼지할머니(삼겹살) : 성북구 정릉4동 822-54. 02-918-8198

우리콩순두부 : 강북구 우이동 도선사 입구. 02-995-5918

금천옥(설렁탕) : 강북구 우이동 5-1. 02-904-5191

북한산(北漢山) 837m 칼바위능선 코스

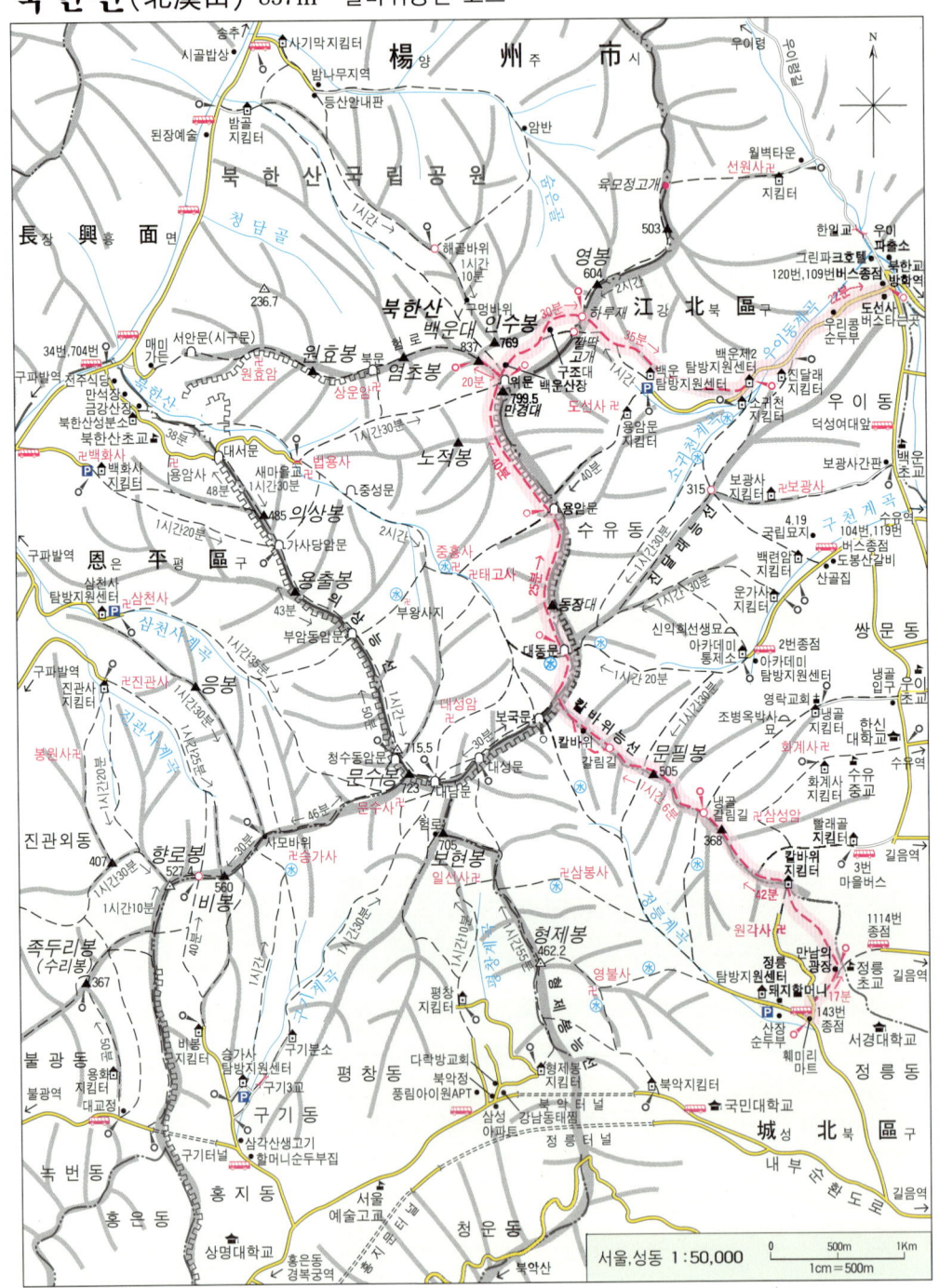

북한산 칼바위능선 코스

정릉-만남의광장-칼바위능선-대동문-백운대-위문-우이동   총 6시간 소요

만남의광장→ 42분 → 냉골사거리 → 66분 → 대동문 → 65분 → 위문 → 20분 →

백운대 → 20분 → 위문 → 30분 → 하루재 → 57분 → 우이동

   정릉 143번 버스종점에서 시내 쪽 150m 거리 페미리마트에서 오른쪽으로 5분을 가면 둘레길 갈림길이다. 여기서 오른쪽 둘레길을 따라 12분을 가면 만남의광장이다. 또는 마을버스 1114번 종점에서 정릉초교 뒤 공원길을 따라 100m 가면 만남의광장이다.

   만남의광장에서 계단길을 따라 12분을 가면 칼바위지킴터 사거리다. 지킴터에서 북쪽 능선을 따라 28분 거리에 이르면 안부사거리가 나오고, 2분을 더 가면 냉골사거리가 나온다.

   사거리에서 직진 16분을 오르면 안테나가 있는 문필봉에 닿는다. 문필봉에서 북쪽 능선을 따라 9분을 내려가면 안부사거리가 나온다. 사거리에서 18분을 가면 갈림길이 나온다. 여기서 직접 오르는 길이 있고, 왼편으로 우회길이 있다. 직진, 바윗길을 타고 5분을 오르면 1봉에 서고, 2분 거리에 2봉을 넘어 오른편 계단길을 따라 내리면 안부에 닿고, 안부에서 8분을 오르면 성벽에 닿고, 오른쪽으로 8분을 가면 대동문이다.

   대동문에서 25분을 가면 용암문, 용암문에서 왼편 비탈길을 따라 40분을 가면 위문, 위문에서 바윗길을 타고 20분을 오르면 백운대다.

   하산은 다시 위문으로 내려와서 왼쪽 우이동 방면으로 22분 내려가면 하루재에 닿는다. 하루재에서 직진 10분을 가면 갈림길이 나온다. 갈림길에서 오른쪽은 도선사 주차장이다. 왼쪽으로 25분을 가면 백운교에 닿고, 도로를 따라 22분 거리에 이르면 버스종류장이다.

정릉 동쪽에 위치한 칼바위.

● 교통

4호선 길음역 3번 출구에서 마을버스 1114번을 타고 정릉초교 뒤 종점 하차. 또는 143번을 타고 정릉 종점하차.

■ 식당

돼지할머니(삼겹살) : 성북구 정릉4동. 02-918-8198

우리콩순두부 : 강북구 우이동 도선사 입구. 02-995-5918

금천옥(설렁탕) : 강북구 우이동 5-1. 02-904-5191

북한산(北漢山) 837m 아카데미하우스 코스

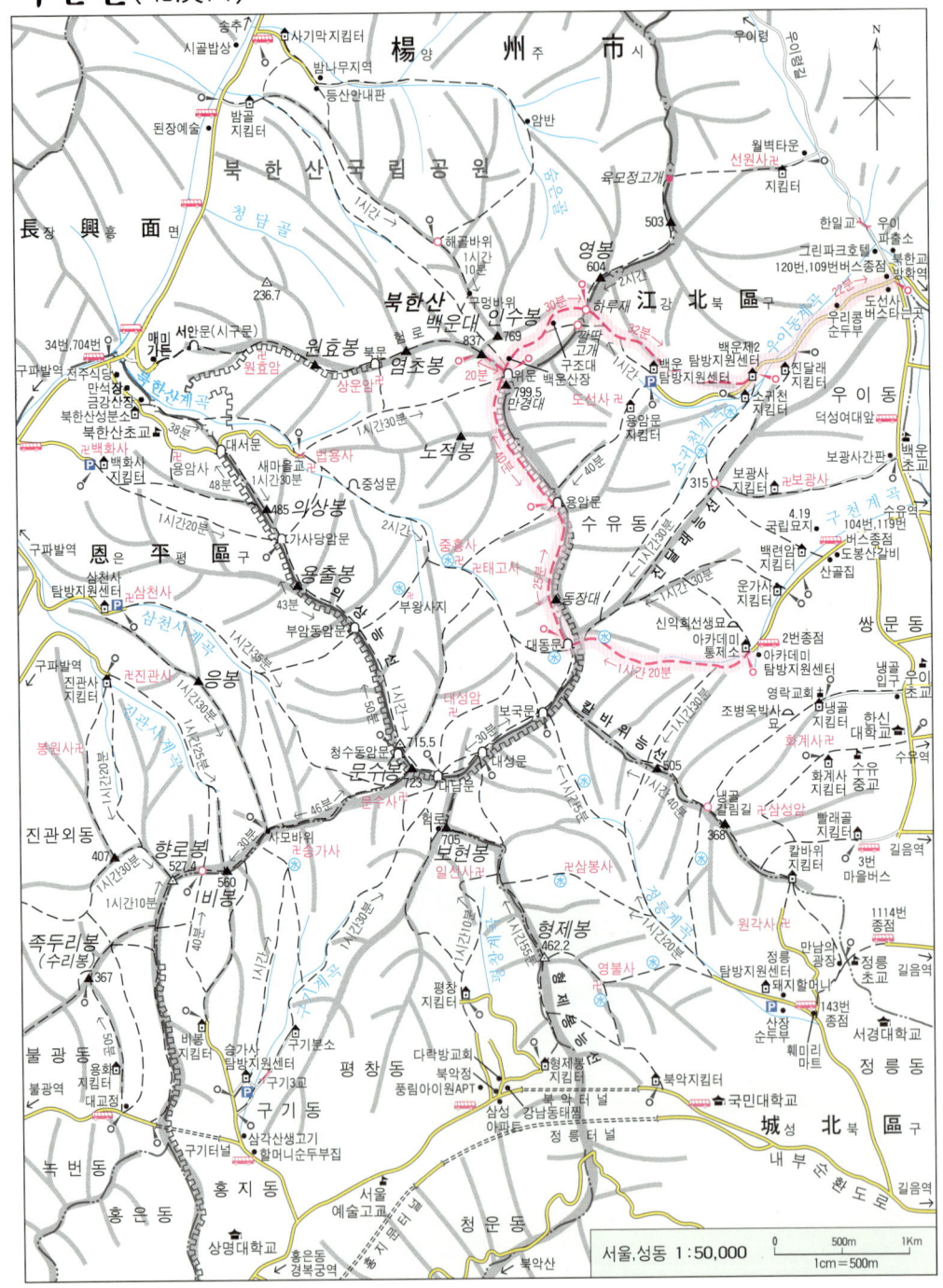

북한산 아카데미하우스 코스

아카데미하우스지킴터-대동문-백운대-우이동 총 5시간 32분 소요

아카데미하우스→80분→대동문→25분→용암문→40분→위문→20분→
백운대→20분→위문→30분→하루재→35분→백운교→22분→120번 종점

4호선 수유역 8번 출구 강북구청 동편에서 아카데미하우스 방면 01번 마을버스를 이용, 종점 하차. 마을버스 종점이나 (4·19 묘소 입구에서 서쪽으로 도로를 따라 약 1km) 끝까지 가면 아카데미하우스 지킴터가 나온다. 지킴터에서 오른쪽은 신익희 선생 묘 가는 길이고, 왼쪽으로 10분 거리에 이르면 갈림길이 나온다. 갈림길에서 왼쪽은 칼바위능선으로 이어지고, 오른쪽 길은 대동문으로 이어진다. 오른쪽 대동문 이정표를 따라 가면 계곡으로 가다가 능선으로 이어지면서 1시간 10분을 오르면 대동문에 닿는다.

대동문에서 오른쪽으로 간다. 오른쪽 성곽길을 따라 25분 거리에 이르면 용암문에 닿는다.

용암문에서 만경대 서쪽으로 이어지는 비탈길을 따라 40분 거리에 이르면 위문에 닿는다.

위문에서 거대한 바윗길을 타고 20분을 더 오르면 북한산 정상인 백운대에 닿는다.

하산은 위문으로 다시 내려가서 도선사 방면 왼쪽으로 간다. 위문에서 왼쪽 비탈길로 내려가면 백운산장을 통과하고 계속 내려가면 구조대를 통과하며 위문에서 30분 거리에 이르면 하루재에 닿는다.

하루재에서 고개를 넘어 10분을 내려가면 갈림길이 나온다. 오른쪽은 도선사주차장, 왼쪽은 백운교이다. 왼쪽 지능선을 따라 25분을 내려가면 백운제2지킴터 백운교에 닿는다.

여기서부터 도로를 따라 22분 내려가면 우이동 120번 종점이다.

북한산 4·19 민주 묘소.

● **교통**
4호선 수유역 8번 출구 강북구청 동편에서 01번 마을버스 이용 종점 하차.

■ **식당**
도봉갈비 : 강북구 수유4동
535-12. 02-902-0977

산골집(일반식) : 강북구 수유동
535-55. 02-994-5075

농우(생등심) : 강북구 수유동
535-17. 02-999-6233

북한산(北漢山) 837m 진달래능선 코스/도선사 코스

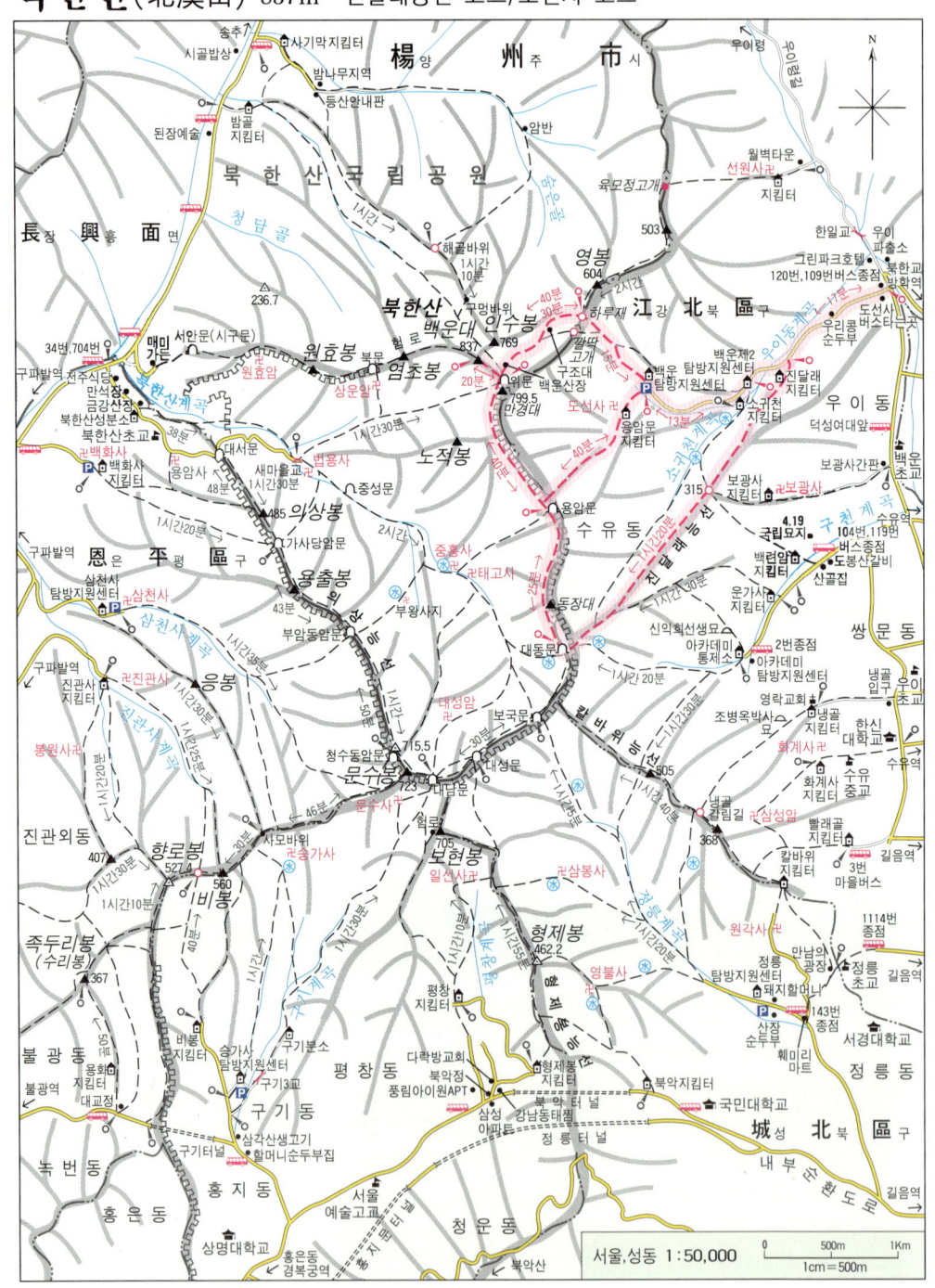

북한산 진달래능선 코스

우이동-진달래능선-대동문-위문-백운대-우이동   총 5시간 37분 소요

120번 종점→ 17분→ 진달래능선 입구→ 80분→ 대동문→ 65분→ 위문→ 20분→ 백운대→ 20분→ 위문→ 45분→ 도선사주차장→ 30분→ 120번 종점

4호선 수유역 8번 출구 강북구청 동편에서 120번 버스를 타고 우이동 120번 종점에서 하차 후, 도선사로 가는 차도를 따라 17분을 가면 왼쪽에 진달래능선 이정표가 나온다.

이정표에서 왼쪽 능선으로 오르면 진달래능선으로 이어진다. 유난히 진달래가 많은 능선이라 진달래능선으로 부르게 되었으며 진달래가 피는 봄이면 장관을 이룬다. 진달래능선을 따라 오르면 무난하게 이어지면서 1시간 20분 거리에 이르면 대동문에 닿는다.

대동문에서 오른쪽 성곽 길을 따라 25분을 거리에 이르면 동장대를 거쳐 용암문에 닿는다. 용암문에서 오른쪽으로 하산을 하면 도선사로 가는 길이다. 용암문에서 만경대 서쪽으로 이어지는 비탈길을 따라 40분 거리에 이르면 위문에 닿는다.

위문에서 바윗길을 따라 20분을 오르면 북한산 정상 백운대에 닿는다.

하산은 위문으로 다시 내려가서 우이동 방면 왼쪽으로 내려가면 백운산장을 통과하고 하루재 깔딱고개 갈림길이 나온다. 갈림길에서 왼쪽 하루재 쪽으로 가면 구조대를 통과하고 위문에서부터 30분 거리에 이르면 하루재 사거리가 나온다. 하루재에서 직진 10분을 내려가면 갈림길이 나온다. 갈림길에서 왼쪽은 능선으로 이어져 백운교로 하산길이고 오른쪽으로 5분을 내려가면 도선사주차장이다.

주차장에서 120번 종점까지는 30분 거리다.

수유리 일대.

● 교통
4호선 수유역 3번 출구에서 120번 153번 버스 이용 우이동 종점 하차.

■ 식당
우리콩순두부 : 강북구 우이동 도선사 입구. 02-995-5918

금천옥(설렁탕) 강북구 우이동 5-1. 02-904-5191

울터두부마을 : 강북구 우이동 버스종점. 02-996-1487

북한산 도선사 코스

★ 지도는 26면에 있어요.

우이동-도선사주차장-하루재-백운대-용암문-도선사-우이동   총 5시간 12분 소요

120번 종점→ 40분 → 도선사주차장→ 22분→하루재→ 60분→ 백운대→ 20분→
위문→ 40분 → 용암문→ 40분→ 도선사주차장→ 30분→ 120번 종점

북한산 도선사 코스는 정상인 백운대로 오르는 가장 가까운 대표적인 코스이다. 따라서 북한산 등산로 중 가장 많은 등산객이 이용한다.

4호선 수유역 8번 출구 강북구청 동편에서 120번 버스를 타고 우이동 120번 종점에서 하차 후, 도선사로 가는 도로를 따 40분(2km) 거리에 이르면 도선사 주차장이 나온다.

도선사주차장에서 오른쪽으로 가면 백운통제소를 통과하고, 22분 거리에 이르면 하루재사거리에 닿는다.

하루재에서 직진하면 산악구조대, 백운산장을 지나면서 40분을 오르면 위문에 닿는다. 위문에서 오른쪽 바윗길을 따라 20분을 더 오르면 백운대 북한산 정상이다. 백운대에 서면 북쪽으로 인수봉, 동남쪽으로 만경대가 우뚝 솟아 있어 백운대와 함께 삼각암봉을 이루고 있다. 이러한 이유로 백운산을 삼각산이라 부르기도 한다.

하산은 다시 위문으로 내려온 다음, 오른쪽 용암문 이정표를 따라 간다. 3분을 내려가면 삼거리다. 삼거리에서 왼쪽으로 간다. 왼쪽 비탈길로 이어지는 등산로를 따라 37분 거리에 이르면 용암문에 닿는다.

용암문에서 왼쪽 도선사 이정표를 따라 내려가면 무난한 하산길로 이어지면서 40분을 내려가면 도선사를 거쳐 주차장에 닿는다.

주차장에서 도로를 따라 30분 거리에 이르면 120번 종점이다. 도선사 주차장에서 도선사 버스를 이용할 수 있다.

북한산 정상 백운대.

● 교통
4호선 수유역 3번 출구에서 120번 153번 버스 이용 우이동 종점 하차.

■ 식당
우리콩순두부 : 강북구 우이동 도선사 입구. 02-995-5918

금천옥(설렁탕) : 강북구 우이동 5-1. 02-904-5191

울터두부마을 : 강북구 우이동 버스종점. 02-996-1487

도봉산

서울특별시·경기도 (서울特別市·京畿道)

우이암에서 바라본 도봉산 전경.

　도봉산(道峰山. 739.5m)은 서울특별시와 경기도 경계를 이루고 있으며 북한산과 함께 수도 우리나라 수도 서울의 상징적인 산이다. 정상인 자운봉을 비롯하여 만장봉, 선인봉, 신선대, 주봉, 우이암, 오봉, 포대능선으로 이루어져 있다. 정상인 자운봉은 오를 수가 없고 신선대 까지만 오를 수가 있다. 정상 주변은 기암절벽으로 험준한 산세를 이루고 있는 산세이다. 도봉산은 수도권 2,000만 시민들의 휴식을 취할 수 있는 보배와 같은 산이며 등산로는 북한산과 같이 동 남 북 방면에서 수많은 등산로가 있다. 바윗길이 많은 산이나 안전설치가 되어 있고 갈림길 요소에는 이정표 안내문이 잘 배치되어 있어 산행에는 큰 위험은 없다. 수도권 전철을 이용하고 시내버스를 연계하면 모두 산행이 가능하다

　사패산(賜牌山 552m)은 도봉산 일부라 할 수 있으며 의정부 송추 쪽에 위치해 있으며 정상에서 바라보면 의정부 송추 일대가 조망된다. 등산로는 의정부 방면과 송추 방면에서 오르는 길이 있으며 취향에 따라 도봉산까지 연결하여 산행을 할 수 있다. 이번에 소개하는 등산로는 하루 산행계획에 적절하다고 판단하여 선정하였다.

도봉산(道峰山) 739.5m 만월암 코스

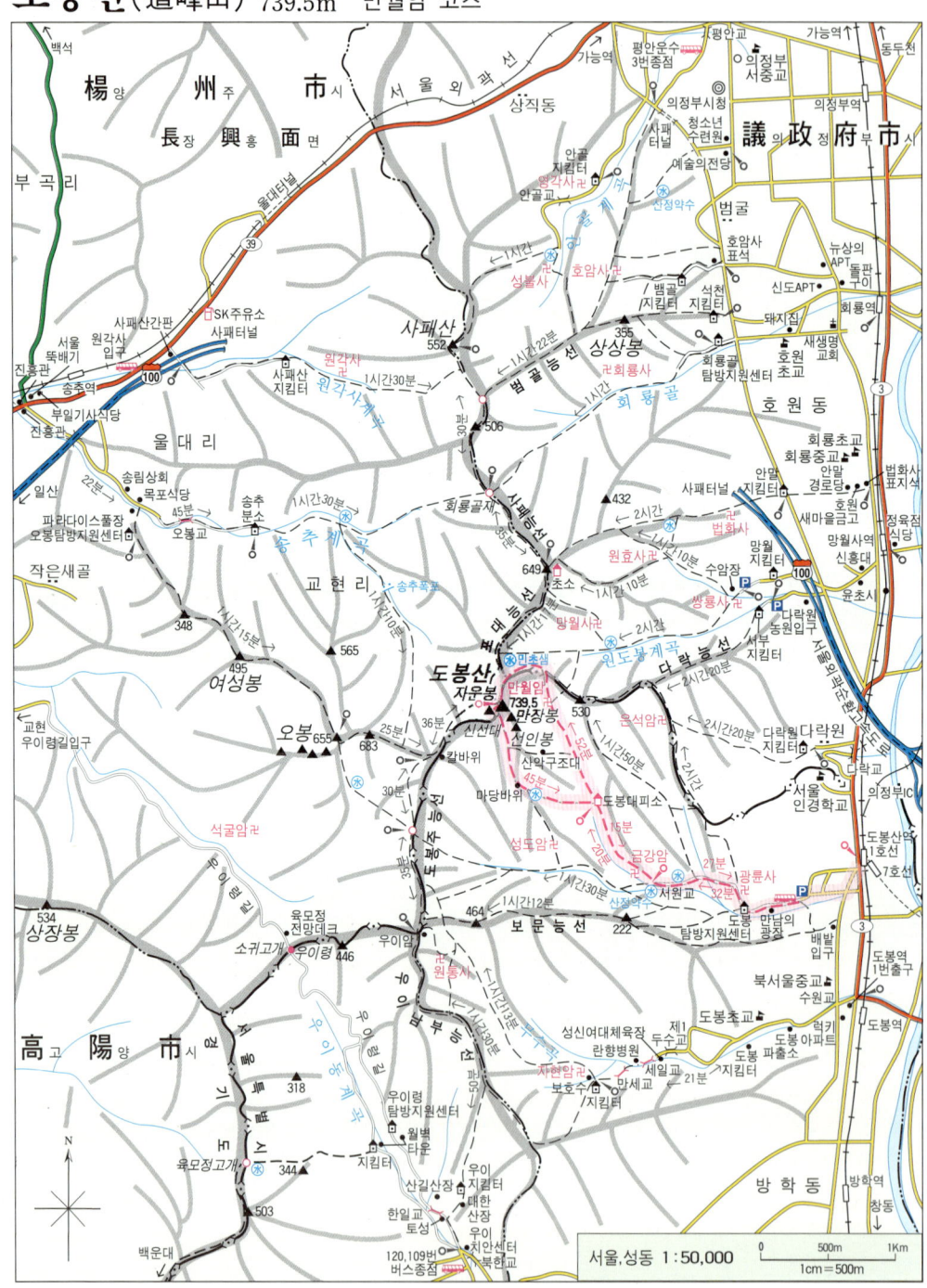

도봉산 만월암 코스

1, 7호선 도봉산역-만월암-포대능선-신선대-마당바위-도봉산역 총 4시간 21분 소요

도봉산역→ 32분→ 서원교→ 30분→ 만월암 입구→ 52분→ 신선대→ 45분→
도봉대피소→ 42분→ 도봉산역

1호선(7호선) 도봉산역 1번 출구에서 도로 건너 식당 골목길을 따라 15분을 가면 만남의광장을 지나 도봉지원센터 삼거리가 나온다. 지원센터에서 오른쪽으로 2분 거리 도봉분소에서 왼쪽으로 15분을 가면 서원교 삼거리다.

서원교에서 오른쪽으로 20분을 가면 도봉대피소 삼거리다. 대피소에서 오른쪽으로 10분을 오르면 만월암 입구 갈림길이다.

여기서 왼쪽으로 8분을 오르면 만월암을 통과하여 갈림길이 나온다. 여기서 왼쪽으로 가면 바로 계단길로 이어지면서 16분을 오르면 다락능선이다. 능선에서 10분을 더 오르면 포대능선에 닿고, 1분 거리에 쉼터이다.

포대능선 쉼터에서 우회길(또는 밧줄코스)를 이용 10분을 가면 삼거리다. 삼거리에서 왼쪽으로 3분 거리 고개에서 밧줄을 타고 4분을 오르면 도봉산 정상을 대신하는 신선대이다.

하산은 다시 고개로 내려가서 오른편 남쪽으로 18분을 내려가면 갈림길이 나온다. 갈림길에서 직진 7분을 내려가면 마당바위다. 마당바위에서 2분 내려가면 삼거리가 나온다. 삼거리에서 왼쪽은 도봉대피소, 오른쪽은 성도원으로 하산길이며 서원교에서 다시 만나게 된다. 삼거리에서 왼쪽으로 15분을 내려가면 천축사를 지나 도봉대피소이다.

대피소에서 15분을 내려가면 서원교에 닿고, 서원교에서 12분을 내려가면 도봉지원센터이며 15분을 더 내려가면 도봉산역이다.

웅장한 도봉산 자운봉.

●**교통**
1호선(7호선) 도봉산역 1번 출구.

■**식당**
산두부 : 도봉구 도봉동
만남의광장 위. 02 954-1999

섬진강(해물) : 도봉구 도봉동 주차장 전. 02-956-7386

홍도해물 : 도봉구 도봉동 주차장 부근. 02-955-2710

토성(오리) : 도봉군 도봉동1동
288-1. 02-955-5667

도봉산(道峰山) 739.5m 다락능선 코스

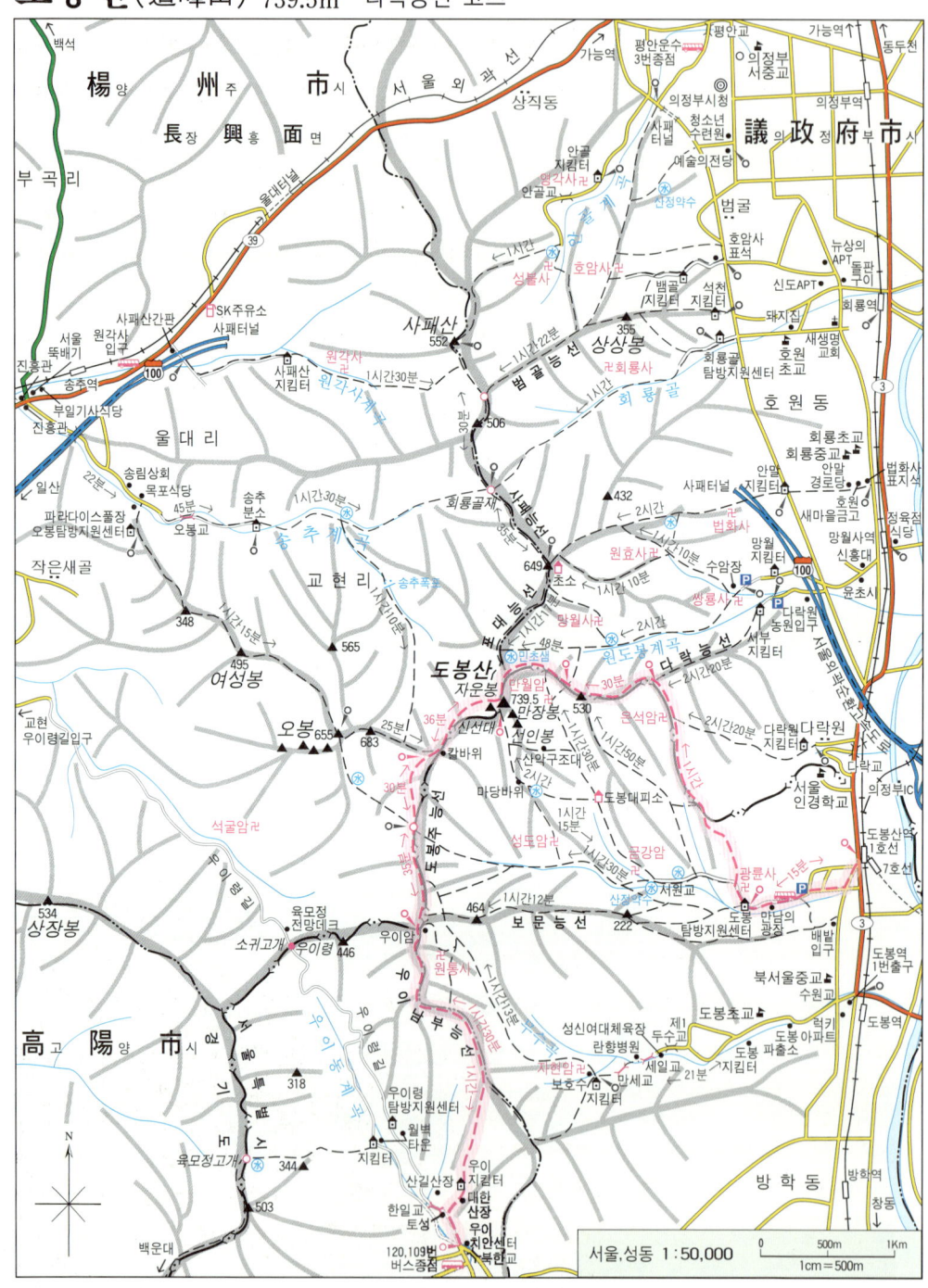

도봉산 다락능선 코스

도봉산역-다락능선-포대능선-신선대-우이암-우이동   총 6시간 14분 소요

도봉산역→ 15분→ 도봉분소→ 60분→ 다락능선→ 30분→ 만월암 삼거리→ 48분→ 신선대→ 36분→ 오봉능선→ 65분→ 우이암→ 60분→ 우이파출소

1호(7호선) 도봉산역 1번 출구에서 도로 건너 15분을 가면 주차장을 지나 지원센터삼거리다. 삼거리에서 오른쪽으로 2분 거리 도봉분소 삼거리에서 오른쪽으로 10분을 가면 둘레길 삼거리다. 여기서 왼쪽으로 7분 거리 갈림길에서 직진 25분을 오르면 사거리가 나온다. 사거리에서 직진 16분을 오르면 다락능선 삼거리에 닿는다.

삼거리에서 왼쪽 다락능선을 타고 30분을 가면 만월암 삼거리다. 삼거리에서 직진 3분을 가면 암릉길(쇠줄)이 시작된다. 여기서 쇠줄을 이용하여 바윗길을 따라 25분을 오르면 포대능선에 닿는다.(노약자는 오른쪽 우회길 이용 민초샘 포대로 오른다.)

포대 쉼터에서 밧줄코스를 타고 오르거나 또는 우회길을 이용하여 10분을 가면 삼거리다. 삼거리에서 왼쪽으로 3분 거리 고개에서 4분을 오르면 신선대에 닿는다.

하산은 다시 고개로 내려가서 왼편 삼거리로 되돌아간 다음, 왼쪽 우이암 방면 길을 따라 9분 내려가면 갈림길이 나온다. 갈림길에서 직진 20분을 가면 다시 능선에 오른 후에 오른쪽(10m) 삼거리에서 왼쪽 우이암 방면으로 30분을 내려가면 안부사거리가 나온다. 사거리에서 직진 35분을 가면 우이암 위 바위능선이다.

여기서 계속 직진 능선을 타고 밧줄지역을 통과하면서 30분을 내려가면 쉼터가 나온다. 쉼터를 지나서 계속 능선을 따라 30분을 내려가면 한일교를 지나 우이파출소에 닿는다.

아름다운 도봉산 포대능선.

●교통
1호선(7호선) 도봉산역 1번 출구.

■식당
산두부 : 도봉구 도봉동 만남의 광장 위. 02 954-1999

홍도해물 : 도봉구 도봉동 주차장 부근. 02-955-2710

금천옥(설렁탕) 강북구 우이동 5-1. 02-904-5191

토성(오리) : 강북구 우이동 216-43. 02-990-9292

도봉산(道峰山) 739.5m 보문능선 코스

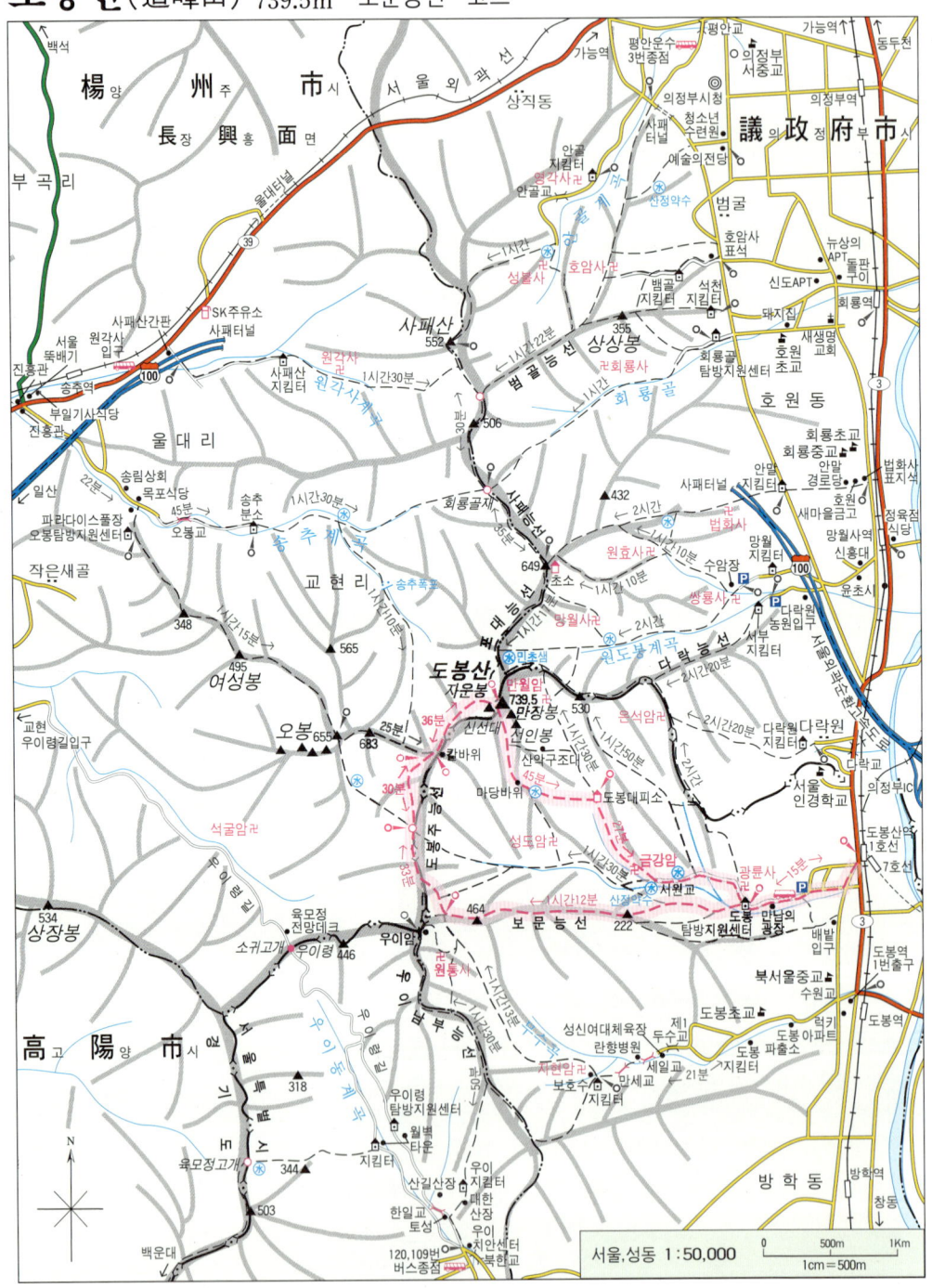

도봉산 보문능선 코스

1호선 도봉산역-보문능선-우이암-신선대-마당바위-도봉산역 총 5시간 33분 소요

도봉산역→ 15분→ 도봉지원센터→ 72분→ 안부 갈림길→ 63분→ 오봉능선 삼거리→ 36분→ 신선대→ 45분→ 도봉대피소→ 42분→ 도봉산역

1호선(7호선) 도봉산역 1번 출구에서 도로 건너 식당골목으로 15분을 가면 주차장을 지나서 도봉지원센터 삼거리가 나온다.

삼거리에서 왼쪽 다리를 건너 산책로를 따라 12분을 가면 이정표(우이암 1.8km) 삼거리가 나온다. 삼거리에서 왼편 능선길을 따라 10분을 오르면 보문능선 삼거리다. 보문능선에서 완만한 능선을 따라 50분을 오르면 안부 갈림길이다.

안부 갈림길에서 오른쪽으로 3분을 가면 도봉주능선 삼거리이고, 삼거리에서 오른쪽 주능선을 따라 30분을 가면 사거리 안부가 나온다. 안부에서 직진 30분을 오르면 오봉능선 삼거리에 닿는다.

오봉능선 삼거리 오른쪽(10m) 쉼터에서 왼쪽으로 19분을 가면 갈림길이 나온다. 갈림길에서 직진 10분을 오르면 포대능선 삼거리다. 삼거리에서 오른쪽으로 3분 거리 고개에서 밧줄을 타고 4분을 오르면 신선대이다.

하산은 다시 고개로 내려가서 오른편 남쪽으로 18분을 내려가면 갈림길이 나온다. 갈림길에서 직진 7분을 내려가면 마당바위다. 마당바위에서 2분 거리 삼거리에서 왼쪽은 도봉대피소, 오른쪽은 성도원으로 하산길이며 서원교에서 다시 만나게 된다. 삼거리에서 왼쪽으로 15분을 내려가면 천축사를 지나 도봉대피소가 나온다.

대피소에서 15분을 내려가면 서원교이다. 서원교에서 12분을 가면 탐방지원센터이고 15분을 더 가면 도봉산역이다.

신선대에서 바라본 자운봉.

●교통
1호선(7호선) 도봉산역 1번 출구.

■식당
산두부 : 도봉구 도봉동 만남의 광장 위. 02 954-1999

태정(오리) : 도봉구 도봉동 553. 02-3494-2006

메밀막국수 : 도봉구 도봉1동 554-28. 02-930-4178

섬진강(해물) : 도봉구 도봉동 주차장 전. 02-956-7386

도봉산(道峰山) 739.5m 무수골 코스

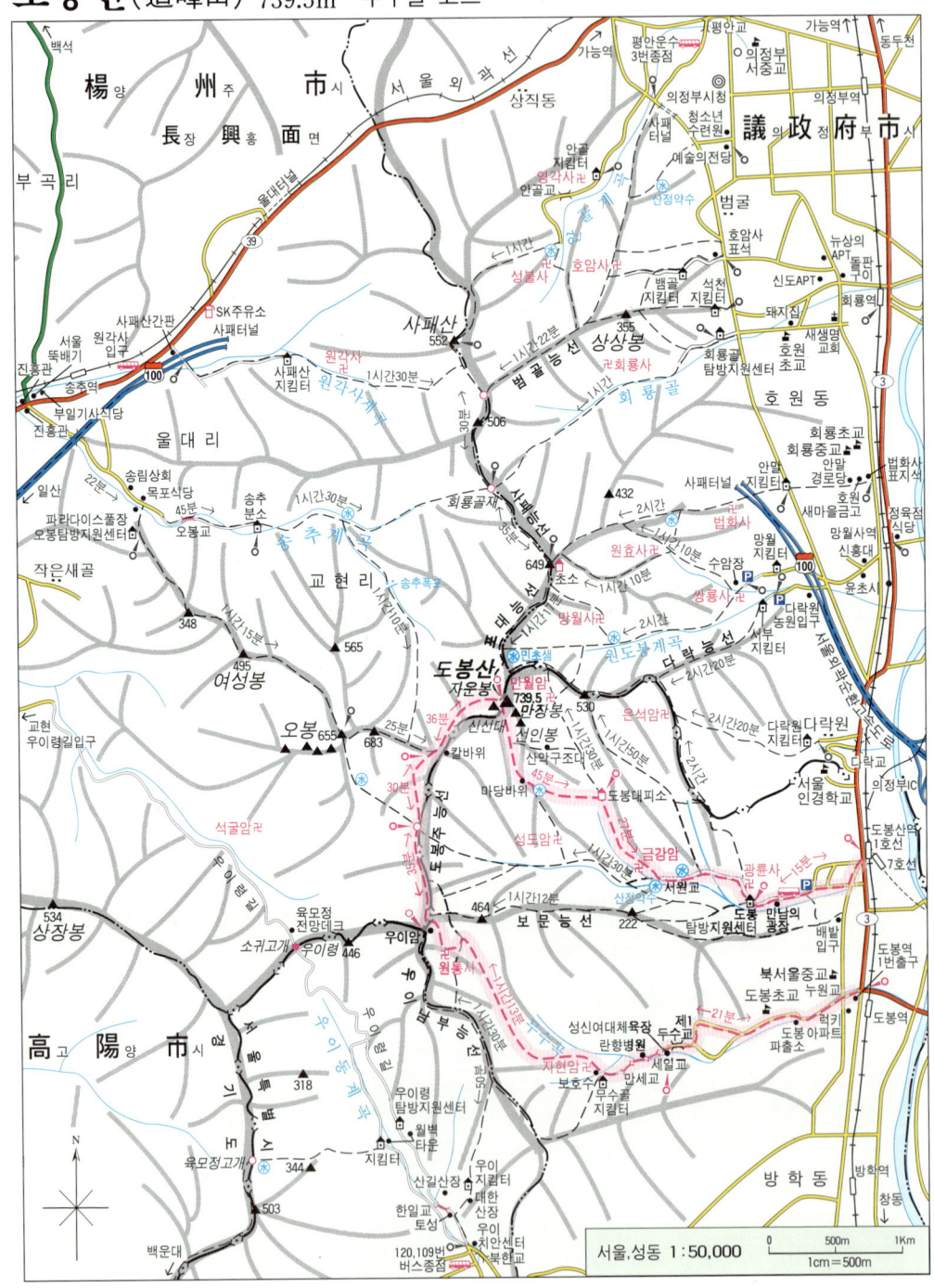

도봉산 무수골 코스

1호선 도봉역-세일교-우이암-신선대-마당바위-도봉산역 총 5시간 42분 소요

도봉역 → 21분 → 세일교 → 73분 → 우이암 → 65분 → 오봉능선 삼거리 → 36분 → 신선대 → 45분 → 도봉대피소 → 42분 → 도봉산역

도봉역 1번 출구에서 도를 건너 바로 오른편에서 좌회전 5분 거리 누원교에서 개천길을 따라 13분을 가면 개천길이 끝나고 3분을 더 가면 세일교에 닿는다.

세일교 건너 13분을 가면 무수골지킴터가 있다. 지킴터에서 오른쪽으로 3분 거리 자연암 갈림길에서 왼쪽 무수골을 따라 40분을 오르면 원통사이다. 원통사에서 17분을 오르면 주능선 삼거리에 닿고, 왼쪽으로 30m 오르면 우이암이 가까이 보이는 전망대이다.

다시 자운봉을 향해 북쪽 주능선을 따라 35분을 가면 안부사거리가 나온다. 여기서 지진 30분을 오르면 오봉능선 삼거리이다.

삼거리에서 오른편(10m) 쉼터에서 왼쪽 자운봉 이정표 방향으로 19분을 가면 갈림길이 나온다. 갈림길에서 직진 10분을 오르면 포대능선 삼거리다. 삼거리에서 오른쪽으로 3분 거리 고개에서 밧줄을 타고 4분을 오르면 신선대이다.

하산은 다시 고개로 내려가서 오른편 남쪽으로 18분을 내려가면 갈림길이 나온다. 갈림길에서 직진 7분을 내려가면 마당바위다. 마당바위에서 2분 거리 삼거리에서 왼쪽은 도봉대피소, 오른쪽은 성도원으로 하산길이며 서원교에서 다시 만나게 된다. 삼거리에서 왼쪽으로 15분을 내려가면 천축사를 지나 도봉대피소가 나온다.

도봉대피소에서 15분을 내려가면 서원교이다. 서원교에서 12분을 내려가면 지원센터를 통과하고 15분을 더 가면 도봉산역이다.

도봉산 주능선에서 바라본 우이암.

● **교통**
1호선 도봉역 1번 출구.

■ **식당**
무수골집(보신탕) : 도봉구 도봉동1동 554-28. 02-930-4178

산두부 : 도봉구 도봉동 만남의 광장 위. 02 954-1999

섬진강(해물) : 도봉구 도봉동 주차장 전. 02-956-7386

태정(오리) : 도봉구 도봉동 553. 02-3494-2006

도봉산(道峰山) 739.5m 원효사 코스

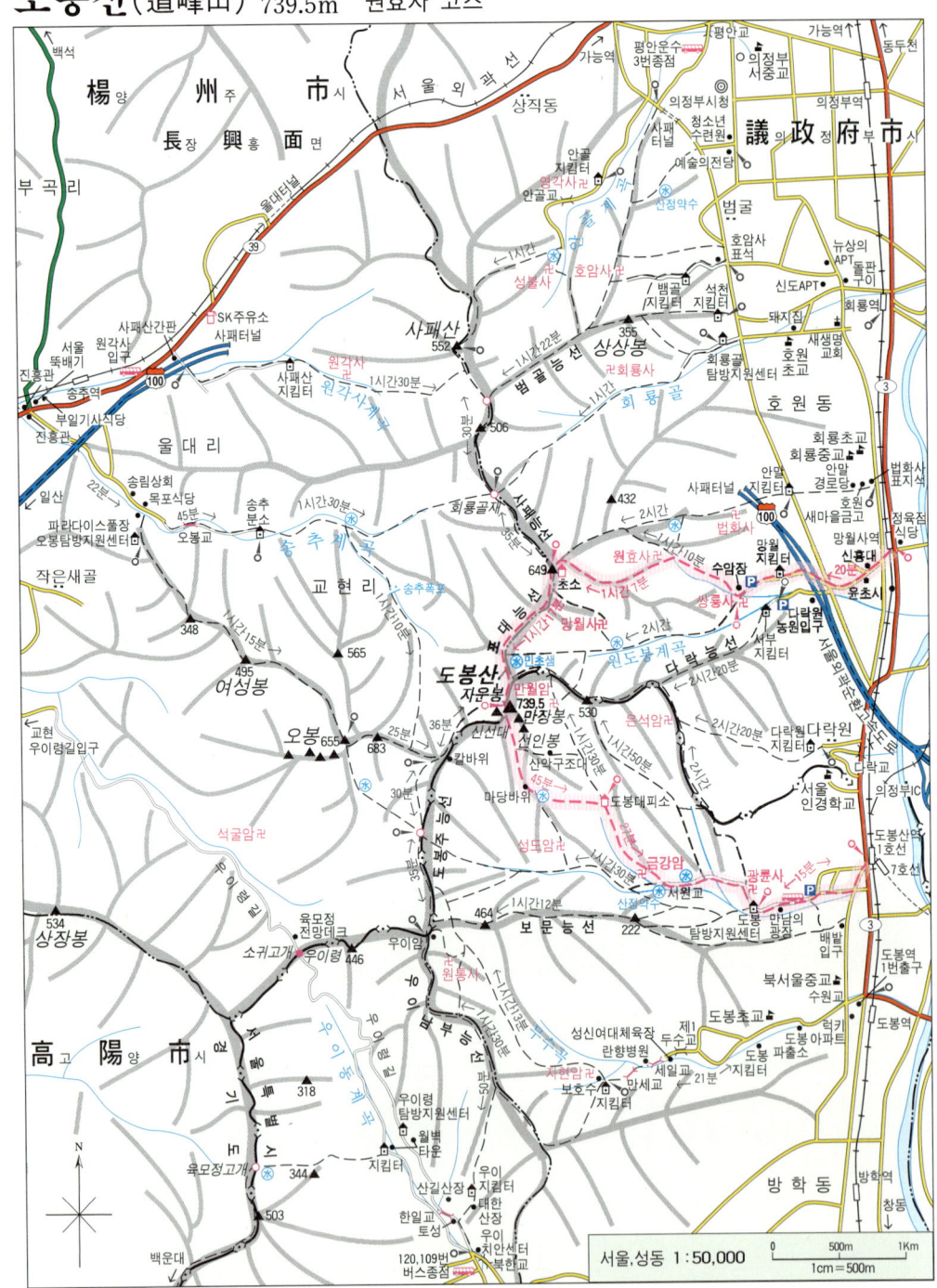

도봉산 원효사 코스

1호선 망월사역-원효사-초소-신선대-마당바위-1, 7호선 도봉산역 총 5시간 11분 소요

망월사역→ 20분→ 쌍룡사→ 67분→ 산불초소→ 77분→ 신선대→ 45분→ 도봉대피소→ 42분→ 도봉산역

1호선 망월사역 3번 출구에서 오른편 50m 거리 삼거리에서 왼쪽으로 300m 가면 고가 밑 삼거리다. 여기서 오른쪽으로 소형차로를 따라 15분을 가면 쌍룡사 삼거리가 나온다.

여기서 오른쪽으로 10분을 가면 원효사 입구 삼거리가 나온다. 여기서 왼쪽 원효사 앞을 통과하여 계곡길을 따라 17분을 가면 계곡을 벗어나 능선으로 이어져 7분을 가면 샘터가 나오고, 다시 6분을 오르면 지능선 갈림길에 닿는다. 여기서 17분을 오르면 헬기장 공터가 나오고, 10분을 더 오르면 산불초소에 닿는다.

산불초소에서 남쪽 포대능선을 따라 1시간을 가면 포대능선 쉼터에 닿는다. 쉼터에서 우회길(혹은 밧줄코스)를 타고 10분을 가면 삼거리가 나온다. 삼거리에서 왼쪽으로 3분 거리 고개에서 밧줄을 타고 4분을 오르면 신선대이다.

하산은 다시 고개로 내려가서 오른편 남쪽으로 18분을 내려가면 갈림길이 나온다. 갈림길에서 직진 7분을 내려가면 마당바위다. 마당바위에서 2분 내려가면 삼거리가 나온다. 삼거리에서 왼쪽은 도봉대피소, 오른쪽은 성도원으로 하산길이며 서원교에서 다시 만나게 된다. 삼거리에서 왼쪽으로 15분을 내려가면 천축사를 지나 도봉대피소가 나온다.

대피소에서 15분을 내려가면 서원교이다. 서원교에서 12분을 내려가면 탐방지원센터이며 15분을 더 내려가면 도봉산역이다.

신선대 하산길 쉼터 마당바위.

● **교통**
1호선 망월사역 3번 출구.

■ **식당**
윤초시(생고기) : 망월사역 3번 출구 100m. 031-877-6694

전원정육점식당 : 의정부시 호원동 464-11. 031-873-6317

산두부 : 도봉구 도봉동 만남의 광장 위. 02 954-1999

섬진강(해물) : 도봉구 도봉동 주차장 전. 02-956-7386

도봉산 (道峰山) 739.5m 송추계곡 코스

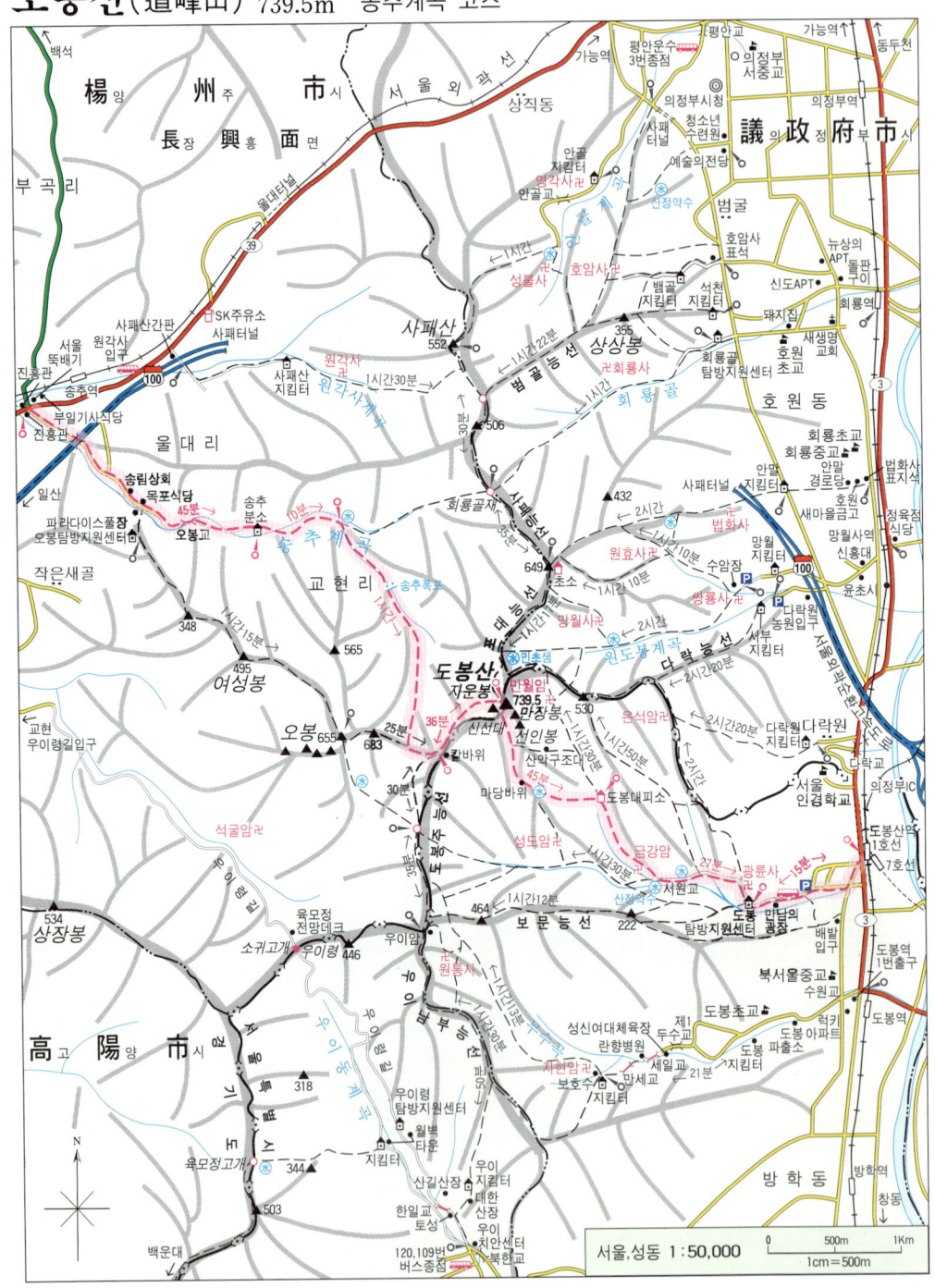

도봉산 송추계곡 코스

송추-송추계곡-오봉능선-신선대-마당바위-도봉산역 총 4시간 58분 소요

느티나무정류장→ 45분 → 송추분소 → 70분 → 오봉능선 → 36분 →

신선대 → 45분 → 도봉대피소 → 42분 → 도봉산역

송추 느티나무 버스정류장에서 진흥관 오른쪽으로 소형차로를 따라 45분을 가면 송추분소에 닿는다.

송추분소를 지나 50m 에서부터 등산로가 시작되어 10분 거리에 이르면 삼거리가 나온다. 삼거리에서 왼쪽은 사패능선, 오른쪽은 오봉능선이다. 오른쪽으로 12분을 가면 송추폭포를 지나고, 13분을 가면 사목교를 건너가게 되며, 35분을 더 오르면 오봉능선에 닿는다.

오봉능선에서 왼쪽으로 7분 거리 갈림길에서 직진 바윗길을 10분 오르면 삼거리가 나온다. 삼거리에서 직진 10m 거리 쉼터에서 왼쪽 자운봉 이정표 방향으로 19분을 가면 갈림길이 나온다. 갈림길에서 직진 10분 오르면 포대능선 삼거리

다. 삼거리에서 오른쪽으로 3분 거리 고개에서 밧줄을 타고 4분을 오르면 신선대이다.

하산은 다시 고개로 내려가서 오른편 남쪽으로 18분을 내려가면 갈림길이 나온다. 갈림길에서 직진 7분을 내려가면 마당바위다. 마당바위에서 2분 내려가면 삼거리가 나온다. 삼거리에서 왼쪽은 도봉대피소, 오른쪽은 성도원으로 하산길이며, 서원교에서 다시 만나게 된다. 삼거리에서 왼쪽으로 15분을 내려가면 천축사를 지나 도봉대피소가 나온다.

대피소에서 15분을 내려가면 서원교이다. 서원교에서 12분을 내려가면 탐방지원센터이며 15분을 더 내려가면 도봉산역이다.

포대능선에서 바라본 자운봉과 신선대.

● 교통
3호선 구파발역 2번 출구에서 34번 704번 이용, 느티나무 하차.
1호선 가능역 1번 출구 가능버스 정류장에서 360번, 34번 이용.

■ 식당
부일기사식당(일반식) : 장흥면 부곡리504-5. 031-826-4108

산두부 : 도봉구 도봉동 만남의 광장 위. 02 954-1999

토성(오리) : 도봉군 도봉동1동 288-1. 02-955-5667

도봉산(道峰山) 739.5m 오봉 코스

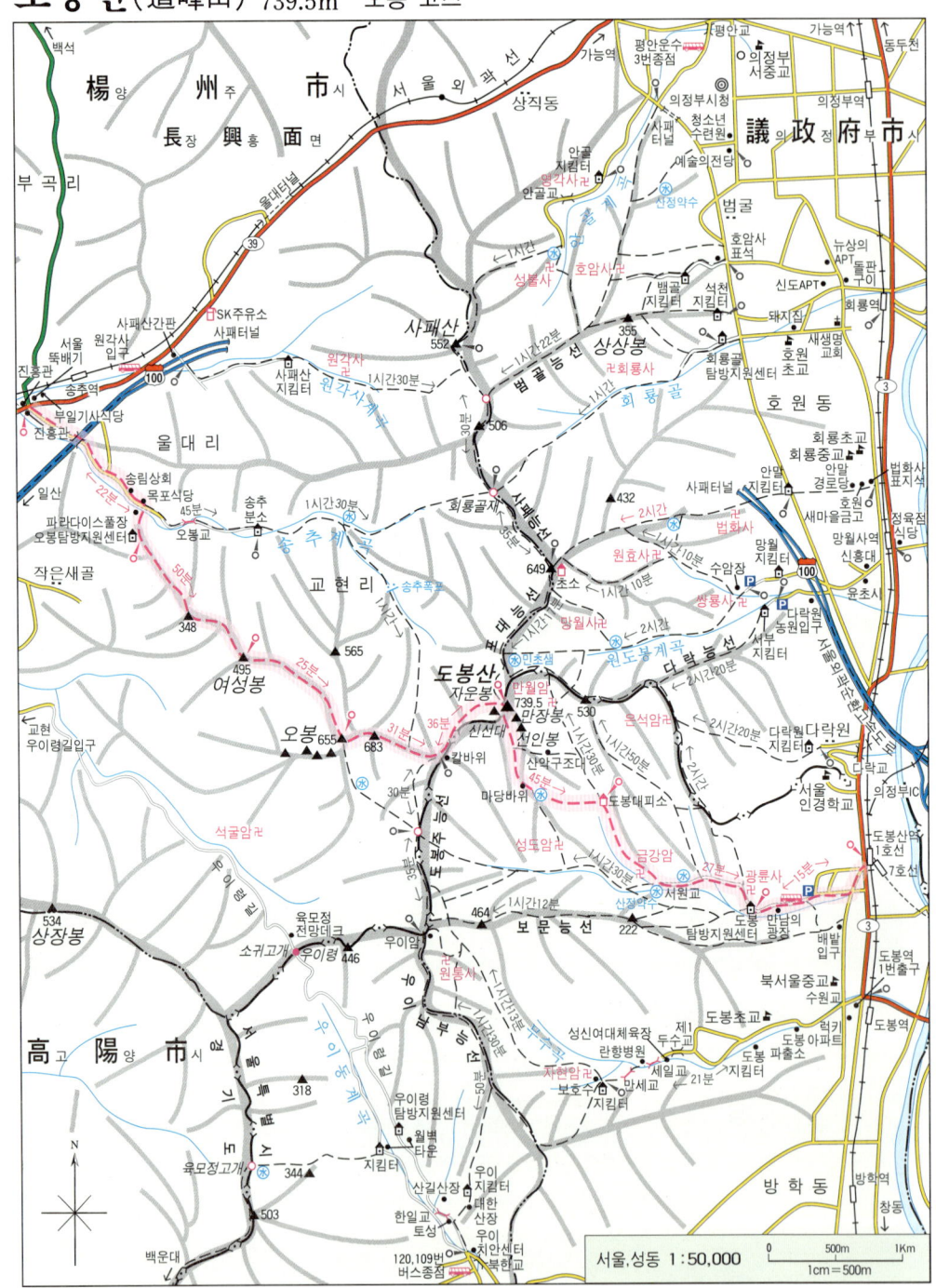

도봉산 오봉코스

송추지킴터-여성봉-오봉-신선대-마당바위-도봉산역   총 5시간 11분 소요

느티나무정류장→22분→지킴터→75분→오봉→31분→
오봉능선 삼거리→36분→신선대→45분→도봉대피소→42분→도봉산역

송추 느티나무버스정류장에서 송추계곡 소형차로를 따라 17분을 가면 목포식당 오봉 갈림길이 나온다. 여기서 오른쪽으로 5분을 가면 오봉지킴터가 나온다. 지킴터에서 무난한 등산로를 따라 30분을 오르면 전망바위가 나오고, 다시 20분을 오르면 여성봉에 닿는다. 여성봉을 지나 20분을 오르면 오봉이 보이는 전망봉에 닿고, 5분을 더 오르면 오봉 동쪽 625봉이다.

625봉에서 5분 거리 갈림길에서 직진 9분을 가면 왼쪽으로 갈림길이 나온다. 갈림길에서 직진 7분 거리 갈림길에서 직진 바윗길을 10분 오르면 오봉능선 삼거리가 나온다.

삼거리에서 직진, 10m를 간 쉼터에서 왼쪽으로 19분을 가면 갈림길이 나온다. 여기서 직진, 10분을 오르면 포대능선 삼거리다. 삼거리에서 오른쪽으로 3분 거리 고개에서 밧줄을 타고 4분을 오르면 신선대이다.

하산은 다시 고개로 내려가서 오른편 남쪽으로 18분을 내려가면 갈림길이 나온다. 갈림길에서 직진 7분을 내려가면 마당바위다. 마당바위에서 2분 내려가면 삼거리가 나온다. 삼거리에서 왼쪽은 도봉대피소, 오른쪽은 성도원으로 하산길이며 서원교에서 다시 만나게 된다. 삼거리에서 왼쪽으로 15분을 내려가면 천축사를 지나 도봉대피소가 나온다.

대피소에서 15분을 내려가면 서원교이다. 서원교에서 12분을 내려가면 탐방지원센터이며 15분을 더 내려가면 도봉산역이다.

다섯 봉우리로 이루어진 오봉.

●교통
3호선 구파발역 2번 출구에서 34번 704번 이용, 느티나무 하차.
1호선 가능역 1번 출구 남쪽(150m) 가능버스정류장에서 송추 방면 360번 34번 버스 이용, 느티나무 하차.

■식당
서울뚝배기(알반식) : 장흥면 부곡리 540-20.
031-826-4190

산두부 : 도봉구 도봉동 만남의 광장 위. 02 954-1999

사패산(賜牌山) 552m 회룡역 코스/예술의전당 코스

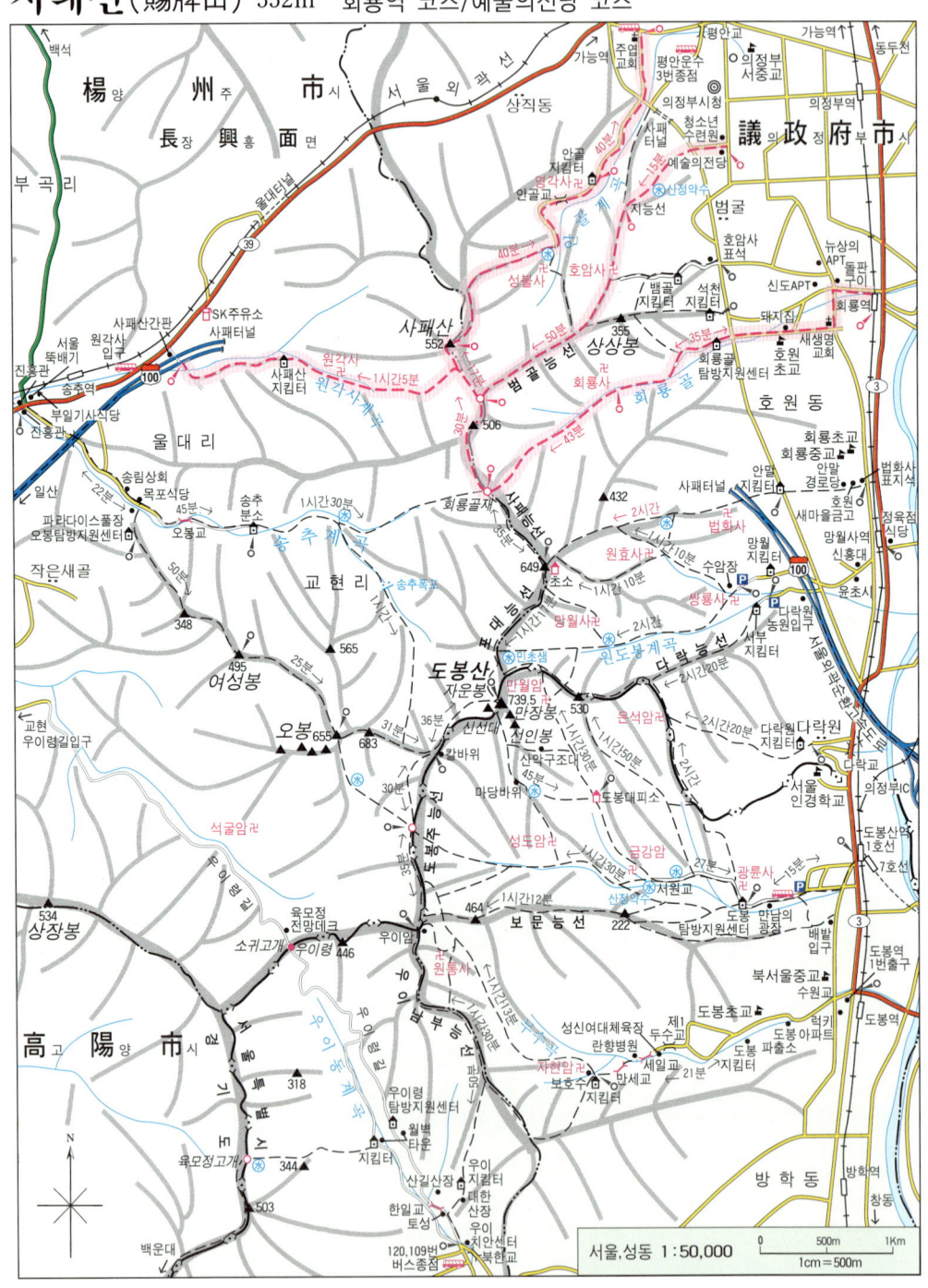

사패산 회룡역 코스

1호선 회룡역-회룡골재-사패산-원각사 총 3시간 53분 소요

회룡역→ 35분 → 회룡사→ 43분 → 회룡골재→ 30분 → 사패산→ 65분 → 원각사정류장

1호선 회룡역 3번 출구에서 직진 150m 거리에 이르면 대로 사거리다. 사거리에서 왼쪽으로 100m 거리 신호등에서 오른쪽으로 간다. 새생명교회 왼편 차로를 따라 5분 거리 삼거리에서 왼쪽으로 5분을 가면 약수터(쉼터) 회룡지원센터가 있다. 지원센터에서 왼쪽 다리를 건너 8분 거리 갈림길에서 왼쪽으로 10분 거리에 이르면 회룡사에 닿는다.

회룡사에서부터 등산로를 따라 8분을 가면 쉼터를 지나고, 계속 15분을 올라가면 철계단길이 시작된다. 철계단을 따라 8분을 오르면 철계단이 끝나고 쉼터가 나온다. 쉼터에서 급경사길을 따라 12분을 오르면 사패능선 회룡골재 삼거리에 닿는다.

삼거리에서 오른쪽으로 13분을 가면 법골에서 오르는 삼거리가 나오고, 7분을 더 가면 원각사 갈림길이 나온다. 여기서 10분을 더 오르면 사패산 정상에 닿는다. 정상에서 도봉산 북부 일대와 북한산 백운대 일대가 막힘없이 조망된다.

하산은 정상에서 올라왔던 10분 거리 원각사 갈림길로 내려간다. 갈림길에서 동쪽 원각사 이정표를 따라 12분을 내려가면 계곡이다. 여기서부터 계곡길을 따라 15분을 내려가면 원각사이다. 원각사에서부터 소형차로를 따라 9분을 내려가면 둘레길 아치를 지나고, 계속 7분을 가면 안내도를 지나며 다시 7분을 가면 원각사 표지석 사거리가 나온다. 사거리에서 직진 5분 거리에 이르면 원각사 버스정류장이다.

천년고찰 회룡사.

● **교통**
1호선 회룡역 3번 출구.

■ **식당**
화로구이(삼겹살) : 호원동 회룡역 3번 출구. 031-872-5292

너루참치전문점 : 호원동 회룡역 3번 출구. 031-337-3751

조선곰탕 : 양주시 장흥면 올대리 338-7. 031-877-0052

보리밥집 : 양주시 장흥면 올대리 339-2. 031-829-9111

사패산 예술의전당 코스

★ 지도는 44면에 있어요.

예술의전당-보문능선-사패산-안골 총 3시간 42분 소요

예술의전당→ 15분 → 지능선 → 50분 → 주능선 삼거리 → 17분 →

사패산 → 40분 → 성불사 → 40분 → 주엽교회

사패산(賜牌山 552m)은 의정부 서쪽에 높이 솟은 산이다. 도봉산에서 북쪽으로 주능선이 이어져 약 4km 거리에 위치한 산이며 넓은 암반으로 이루어져 있다. 정상에서면 의정부 시가지 일대와 송추 일대가 속속 내려다보이는 전망대 같은 산이다.

산행은 의정부시청 남쪽 청소년수련원과 예술의전당 사이 주차장 쪽으로 들어가서 오른쪽으로 가면 고가도로 밑을 통과하면 바로 등산로가 나온다. 뚜렷한 등산로를 따라 가면 신정약수터를 지나면서 15분 거리에 이르면 지능선에 닿는다.

왼쪽 지능선을 따라 17분 거리에 이르면 삼거리가 나오고, 13분을 더 오르면 오른쪽에서 올라오는 삼거리가 나온다. 삼거리에서 왼편 지능선을 타고 20분을 오르면 주능선 삼거리가 나온다.

주능선 삼거리에서 오른쪽 사패능선을 따라 17분 거리에 이르면 사패산 정상에 닿는다.

정상에서 바라보면 도봉산 북부 일대와 북한산 백운대까지 웅장하게 펼쳐 보인다. 정상은 넓은 바위 암반으로 막힘이 없다.

하산은 북쪽 안골로 한다. 정상에서 올라왔던 방향으로 100m 내려가면 갈림길에 이정표가 있다. 갈림길에서 왼편 지능선을 따라 내려가면 무난한 하산길로 이어지면서 40분을 내려가면 약수터를 지나서 성불사 입구가 나온다.

여기서부터 안골을 따라 이어지는 소형차로를 따라 40분을 내려가면 주엽교회 버스정류장이다.

넓은 바위 사패산 정상.

●교통
1호선 의정부역 하차 후 택시 이용, 예술의전당 하차.

■식당
대가(닭, 오리) : 의정부시 가능3동 581-24. 031-829-9133

흥부산장(닭, 오리) : 가능3동 581-203. 031-872-1136

고가네산장(닭, 오리) : 가능3동 산 81-1. 031-876-7087

관악산

서울특별시 관악구 · 경기도 과천시, 안양시(서울特別市 冠岳區 · 京畿道 果川市, 安養市)

기암절벽으로 이루어진 관악산 연주대.

    관악산(冠岳山. 629.9m)은 경기 5악(岳)의 하나로 바위가 많은 악산이다. 서울 남부와 경기도 과천시, 안양시 경계를 이루고 있다. 꼭대기에 우뚝 솟은 기암괴석에서 땅으로 내려오는 산의 형세가 마치 갓(冠)과 같이 생겼다 하여 관악산이라 부른다. 전체적인 산세는 바위산이다. 정상에서 산기슭에 이르기까지 대부분의 산세가 바위로 이루어져 있다. 정상에서 바라보면 사방이 막힘이 없고 서울 남부 시가지와 과천일대가 시원하게 내려다보인다.

    관악산은 광범위한 지형을 차지하고 있는 산이며 수도권 중앙에 위치하고 있어 수도권 시민들이 편하게 오를 수 있는 거대한 공원 같은 산이다.

    관악산 등산로는 사방에 너무나 많이 있다. 대표적인 등산로 몇 곳을 선정 요약해서 안내하므로 지도와 이정표를 확인하면서 산행을 한다. 산행코스가 대부분 바윗길이 많다. 하지만 안전설치가 잘 되어있어 산행에는 큰 위험은 없다.

    삼성산(三聖山. 481m)은 관악산의 일부라 할 수 있는 산이고, 안양 방면에서 오르는 코스가 많은 산이며 등산로는 무난한 편이다.

관악산(冠岳山) 629.9m 서울대입구 코스

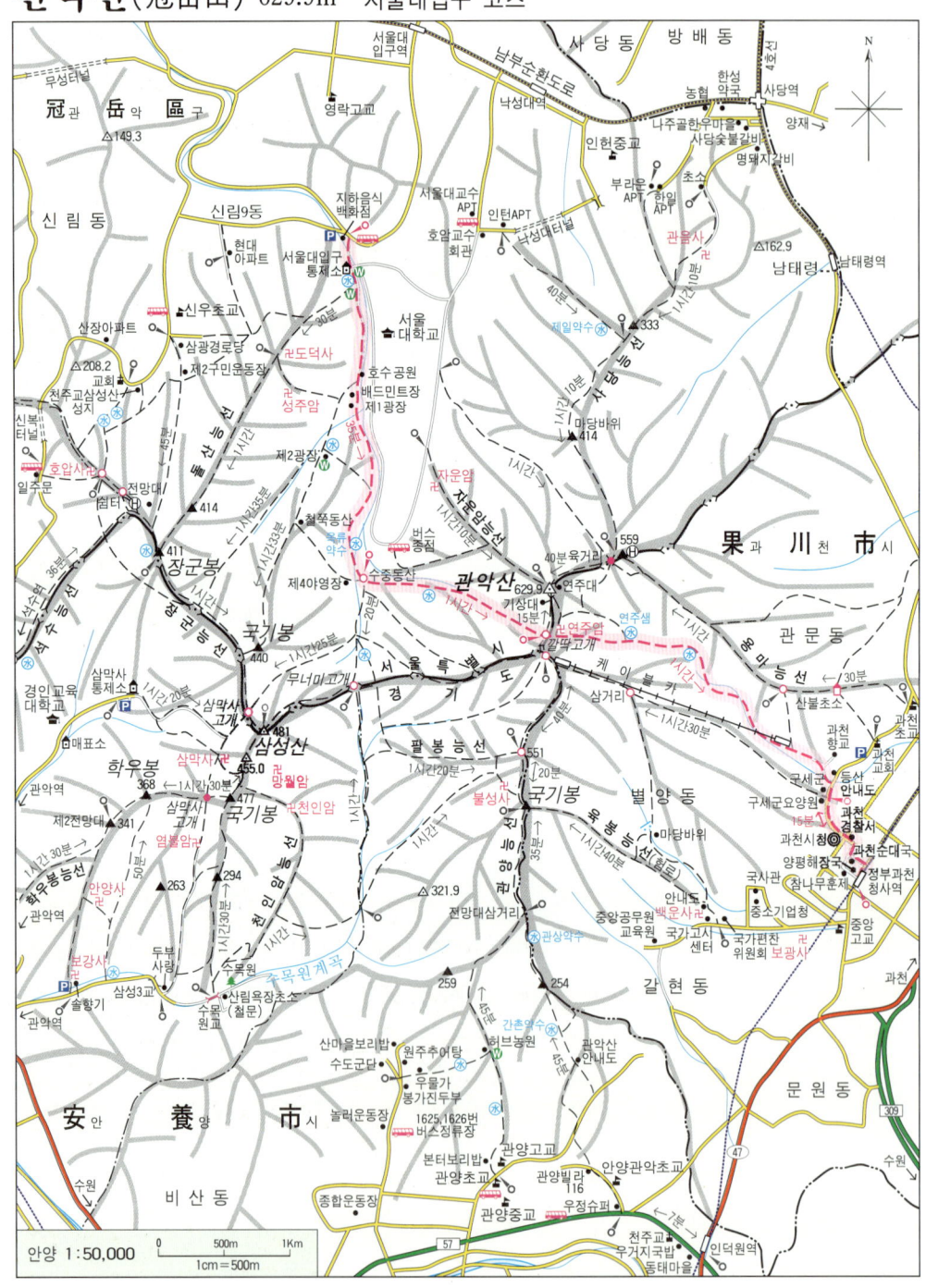

관악산 서울대 입구 코스

서울대 입구–깔딱고개–관악산–연주암–4호선 과천청사역   총 4시간 20분 소요

서울대 입구→ 35분→ 사거리→ 60분→ 깔딱고개→ 15분→ 관악산→ 15분→
연주암→ 60분→ 과천향교→ 15분→ 정부청사역

관악산 서울대 입구 코스는 관악산, 삼성산으로 이어지는 등산로가 5~6곳으로 갈라지는 중요한 대표적인 지점이다.

2호선 서울대입구역 2번 출구에서 5515번A, 또는 5515번B 버스를 타고 서울대입구 하차 후, 서쪽 50m 거리 관악산광장에서 넓은 산책길을 따라 7분을 가면 경로구역 갈림길이 나온다. 갈림길에서 계속 직진 6분 거리에 이르면 호수공원 갈림길이 나온다. 갈림길에서 왼쪽 연주대 이정표를 따라 22분을 가면 옥돌샘을 지나 사거리 쉼터가 나온다.

사거리 쉼터에서 왼쪽 연주암 이정표를 따라 오르면 가파른 길로 이어지면서 1시간을 오르면 깔딱고개 사거리에 닿는다.

깔딱고개에서 왼쪽 바윗길은 정상으로 가는 길이고, 직진은 완만한 길 연주암을 경유하여 정상으로 가는 길이다. 직진으로 내려서면 바로 연주암이다. 연주암에서 넓은 등산로를 따라 15분을 오르면 표지석이 있는 관악산 정상이다. 정상에서 바라보면 서울 남부 일대와 과천시 일대가 조망된다. 정상에서 남쪽 연주대를 둘러보고 다시 정상으로 올라온다.

하산은 다시 연주암으로 내려와서 동쪽 과천 방면 계곡길로 간다. 계곡으로 이어지는 하산길은 계곡 왼편으로 이어진다. 아기자기한 계곡길을 따라 1시간을 내려가면 과천향교에 닿는다.

과천향교에서 정부과천청사역까지는 15분 거리다.

관악산 육봉 전경.

● 교통
2호선 서울대입구역 3번 출구에서 5515번A, 5515번B 버스 이용, 서울대 입구 하차.

■ 식당
선주식당(일반식) : 신림9동 910 지하. 02-875-5742

과천순대국 : 중앙동 40-4 동성빌딩 101. 02-502-4274

양평해장국 : 과천시 중앙동 40-7. 02-503-0049

관악산(冠岳山) 629.9m 사당역 코스

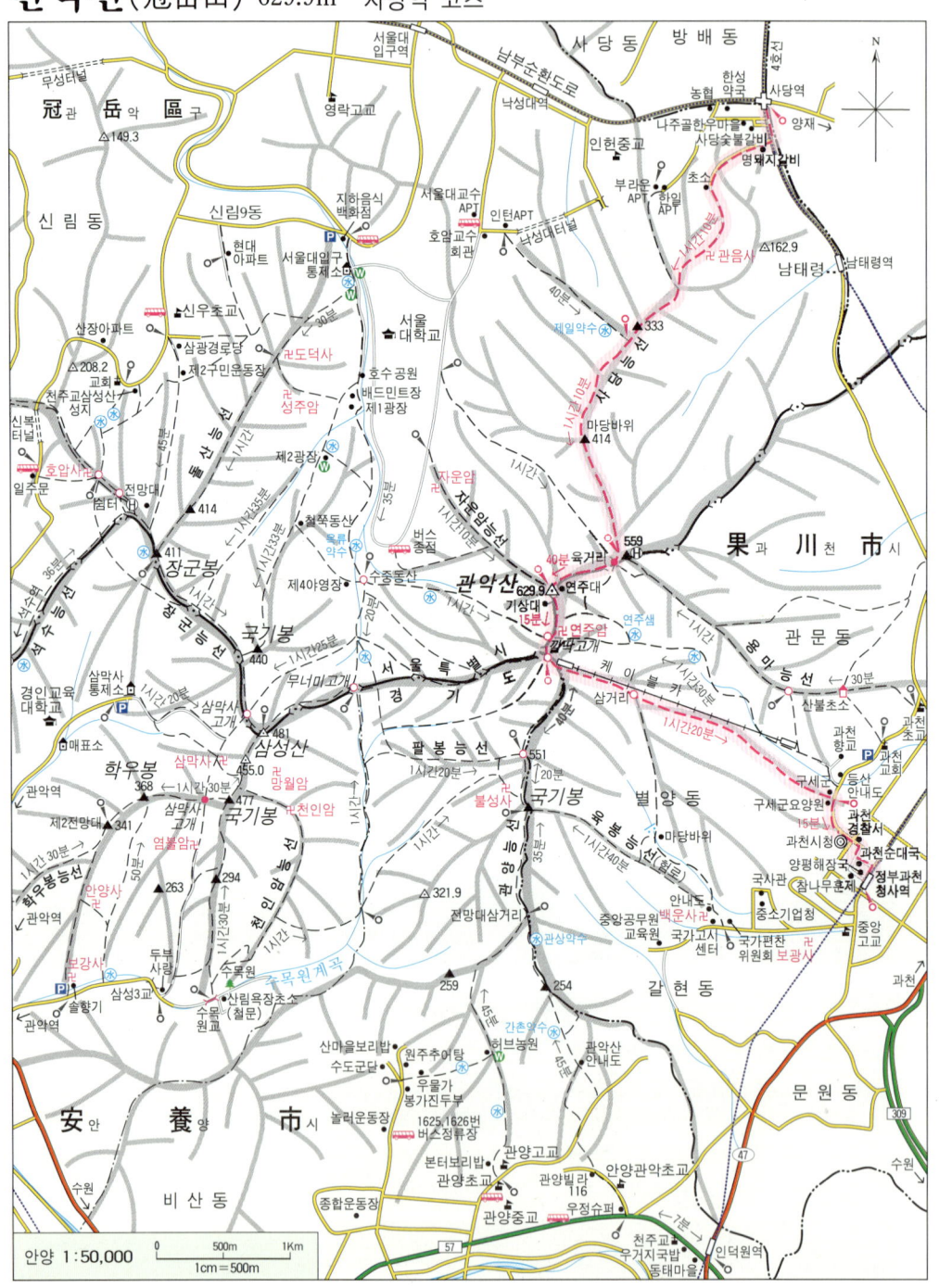

관악산 사당역 코스

> 2, 4호선 사당역-사당능선-관악산-케이불카능선-과천청사역 총 5시간 50분 소요
> 사당역→ 70분→ 낙성대 갈림길→ 70분→ 6거리 안부→ 40분→ 관악산→ 15분→
> 연주암→ 80분→ 구세군→ 15분→ 과천정부청사역

　2호선 사당역 5번 출구(4호선 4번 출구)에서 과천 방면으로 50m 정도 가다가 오른쪽 언덕길로 올라 첫 번째길 오른쪽 관악산(관음사) 팻말을 따라 10분 정도 가면 초소를 통과하고 10분을 더 가면 관음사가 나온다. 관음사에서 좌 우 측 어느 쪽으로 가도 정상으로 이어진다. 관음사에서 무난한 능선길을 따라 50분을 오르면 낙성대 갈림길이 나온다.

　갈림길에서 서남쪽으로 이어지는 주능선을 타고 오르면 강남 방면 서울시가지가 내려다보면서 1시간 10분을 오르면 6거리 안부가 나온다.

　여기서부터 바윗길 밧줄을 이용하면서 40분을 더 오르면 연주대를 지나 바위봉 관악산 정상에 닿는다.

　정상은 거대한 바위로 이루어져 있고 남쪽 절벽에 연주대가 있다. 정상에서 바라보면 서울시 강남 일대가 시야에 들어온다.

　하산은 남쪽으로 15분을 내려가면 연주암에 닿는다. 연주암에서 과천으로 하산 길은 두 길이 있다. 하나는 계곡을 따라 과천향교 내려가는 길이고, 또 하나는 케이불카능선을 타고 하산길이다.

　연주대 식당 앞에서 바로 왼쪽은 계곡길이다. 능선길은 식당 오른쪽으로 비탈길을 따라 30분을 가면 케이불카 능선으로 이어져 삼거리가 나온다. 삼거리에서 직진 능선을 타고 50분을 내려가면 구세군이 나온다. 여기서 오른쪽으로 15분을 가면 과천정부청사역이다.

거대한 바위 관악산 정상.

●교통
2호선(4호선) 사당역 4번 출구.

■식당
나주골한우마을 : 관악구 남현동 1062-15. 02-585-2040

명돼지갈비 : 관악구 남현동 사당역. 02-522-2975

과천순대국 : 과천시 중앙동 40-4 101. 02-502-4274

양평해장국 : 과천시 중앙동 40-7. 02-503-0049

관악산 (冠岳山) 629.9m 정부과천청사역 코스

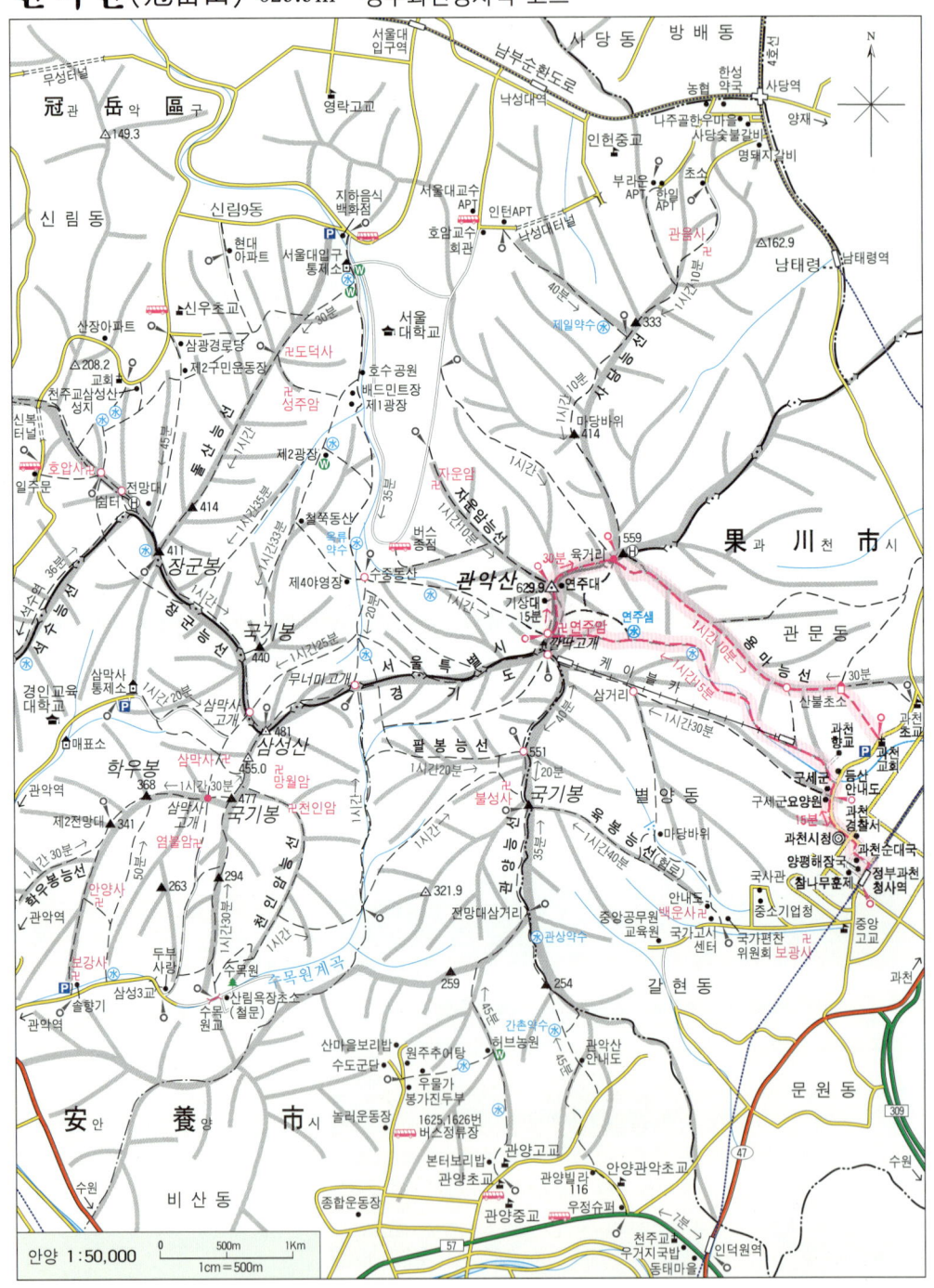

관악산 정부과천청사역 코스

4호선 과천청사역-연주암-관악산-6거리-용마능선-과천청사역 총 4시간 40분 소요

정부과천청사역→ 15분→ 과천향교→ 75분→ 연주암→ 15분→ 관악산→ 30분→ 6거리→ 70분→ 과천교회→ 15분→ 정부과천청사역

4호선 정부과천청사역 11번 출구에서 서북 방면 관악산 과천향교 이정표를 따라 15분 거리에 이르면 과천향교 입구가 나온다.

입구에서 다리를 건너 과천향교 앞을 지나 왼쪽 넓은 길을 따라 10분 정도 가면 양편으로 식당가를 통과하면서 화기물보관소를 지나 왼쪽에 풀장 오른쪽에 케이블카 탑승장이 나온다. 여기서부터 뚜렷한 등산로를 따라 가면 계곡길로 이어지면서 28분을 가면 약수터를 통과하고, 계속 9분을 오르면 갈림길이 나온다. 갈림길에서 왼쪽으로 28분을 오르면 연주암이다. 연주암에서 오른쪽으로 15분을 더 오르면 관악산 정상에 닿는다.

정상은 넓은 암봉으로 이루어져 있으며 서울 남부와 과천 일대가 시원하게 내려다보인다.

하산은 동북쪽 사당역 방면 능선을 따라 내려가면 급경사 바윗길 밧줄 지역으로 이어지면서 30분을 내려가면 6거리가 나온다.

6거리에서 동쪽 능선으로 직진 5분 정도 오르면 헬기장 559봉이다. 여기서 동남쪽 용마능선을 타고 내려간다. 무난한 능선을 따라 45분을 내려가면 산불초소 갈림길이 나온다. 산불초소 갈림길에서 왼쪽능선을 따라 5분 거리에 이르면 갈림길이 또 나온다. 여기서는 오른쪽으로 15분을 내려가면 과천교회가 나온다.

과천교회에서 도로를 건너 7분을 가면 과천역 6번 출구에 닿고, 여기서 오른쪽으로 8분 거리에 이르면 정부과천청사역이다.

바위능선길 위로 기상대와 연주암이 보인다.

● 교통
4호선 과천청사역 3번 출구.

■ 식당
과천순대국 : 과천시 중앙동 40-4 101. 02-502-4274

양평해장국 : 과천시 중앙동 40-7. 02-503-0049

무진장(오리, 삼겹살) 과천시 중앙동 40-9. 02-503-8833

동성회관(돌솥밥) : 과천시 중앙동 40-4. 02-502-1333

관악산(冠岳山) 629.9m 인덕원역 코스

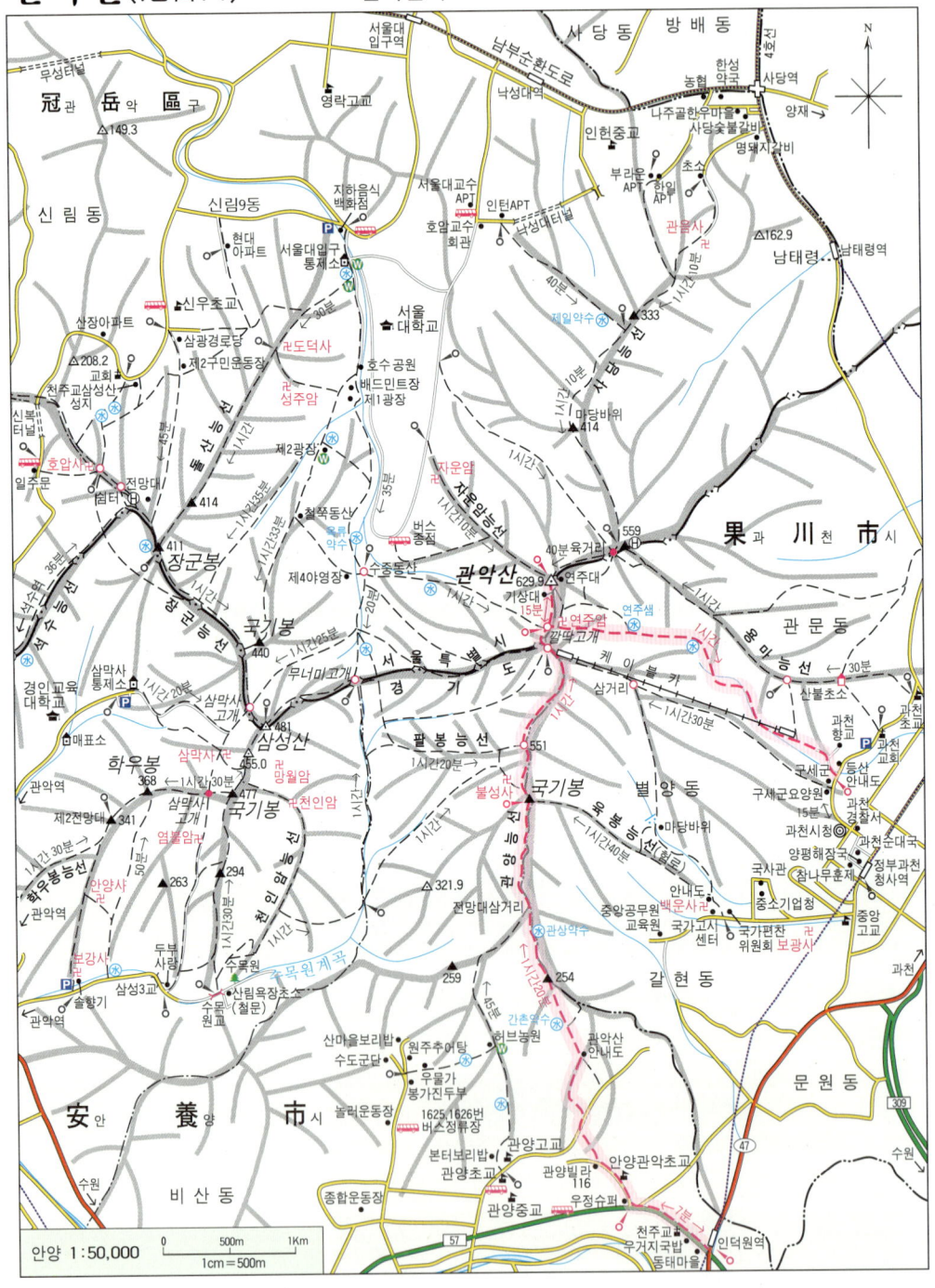

관악산 인덕원역 코스

4호선 인덕원역-깃대봉-관악산-연주암-과천정부청사역 총 5시간 12분 소요

인덕원역→ 7분→ 우정슈퍼→ 80분→ 국기봉→ 60분→ 깔딱고개→ 15분→
관악산→ 15분→ 연주암→ 60분→ 과천향교→ 15분→ 과천정부청사역

4호선 인덕원역 8번 출구에서 안양 방면으로 500m 거리에 이르면 도로 오른쪽에 우정슈퍼가 있다.

우정슈퍼에서 오른쪽 소형차로를 따라 7분을 가면 관악초교를 지나서 관양빌라166 오른쪽으로 산길이 나온다. 여기서 오른쪽 산길로 가면 언덕을 넘어서 도로가 나온다. 도로를 건너 능선으로 난 등산로를 따라 8분 거리에 이르면 안내도와 이정표가 나온다. 안내도에서 뚜렷한 등산로를 따라 10분을 가면 관촌약수 삼거리가 나온다. 삼거리에서 오른쪽 또는 왼쪽으로 20분을 가면 능선에 전망대삼거리가 나온다. 전망대삼거리에서 능선을 따라 35분을 더 오르면 전망이 좋은 국기봉에 닿는다.

국기봉에서 연주암 이정표대로 주능선을 따라가면 무난하게 이어지면서 45분 거리에 이르면 연주암 갈림길이 나온다. 갈림길에서 오른쪽은 연주암, 왼쪽은 깔딱고개 바윗길이다. 왼쪽 오른쪽 어느 쪽으로 가도 15분을 가면 연주암 또는 깔딱고개에 닿는다.

깔딱고개 또는 연주암에서 넓은 등산로를 따라 15분을 더 오르면 표지석이 있는 관악산 정상에 닿는다.

하산은 15분 거리 연주암으로 되돌아온다. 연주암에서 동쪽 과천 방면으로 이어지는 계곡길을 따라 내려가면 바윗길 흙길이 번갈아 이어지면서 1시간을 내려가면 과천향교에 닿는다. 과천향교에서 정부과천청사역까지는 15분 거리다.

관악산 육봉에서 바라본 통신대 동쪽면.

● **교통**
4호선 인덕원역 8번 출구.

■ **식당**
동태마을 : 안양시 관양2동 1480-43. 031-424-2097

우거지국밥 : 안양시 관양2동 1487-2. 031-422-8989

한식뷔페 : 안양시 관양1동 1437-16. 031-424-0949

홍두깨 칼국수 : 안양시 동안구 관양동 1489-1. 031-426-0789

삼성산 (三聖山) 481m 학우능선 코스

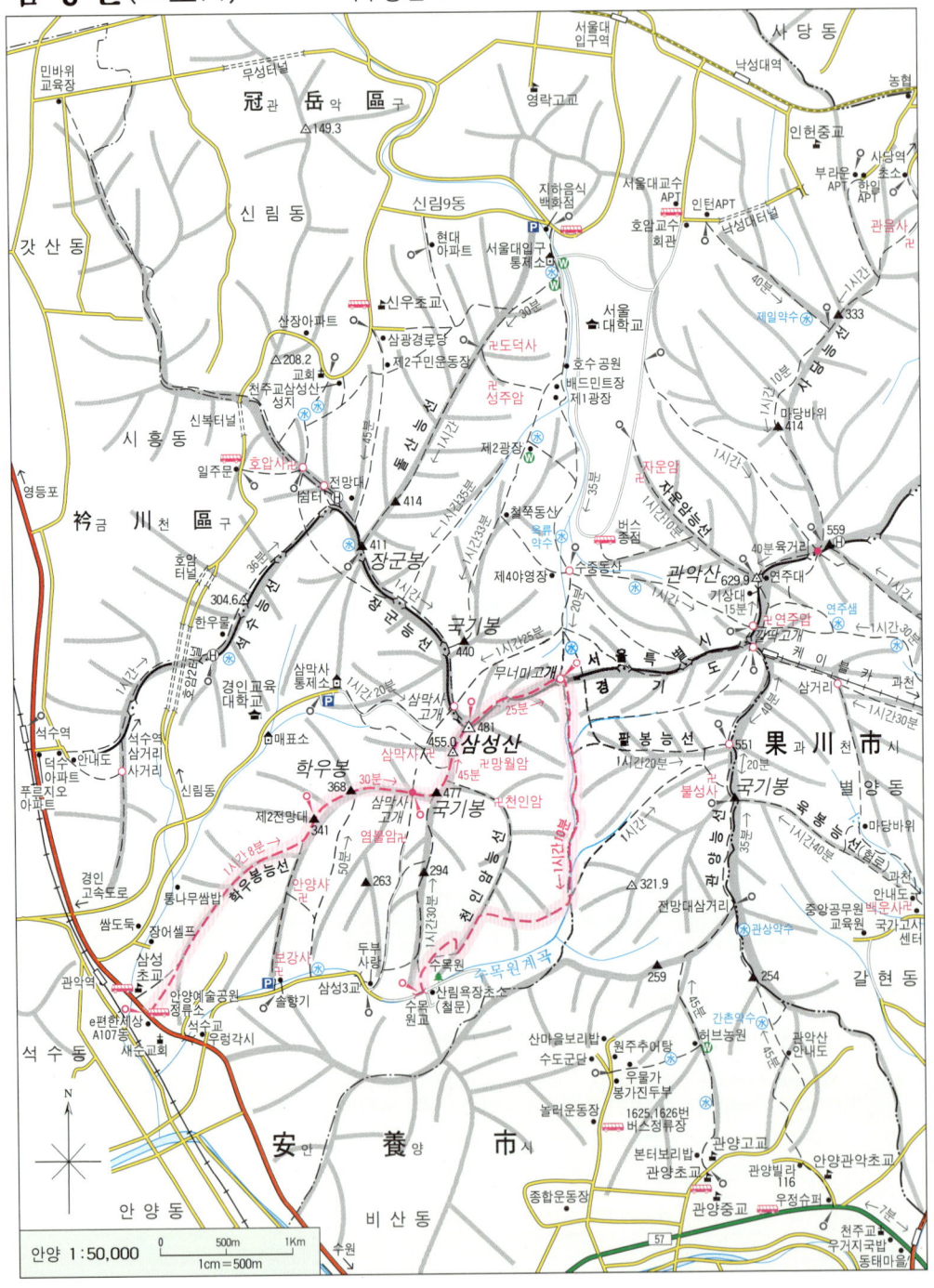

삼성산 학우능선 코스

1호선 관악역-학우능선-삼성산-무너미고개-수목원   총 4시간 58분 소요

삼성초교→ 68분→ 제2전망대→ 30분→ 삼막사고개→ 45분→ 삼성산→ 25분→
무너미고개→ 70분→ 수목원교

　1호선 관악역 2번 출구에서 동쪽 대로를 건너 오른쪽으로 가면 삼성초교 앞을 지나 안양예술공원버스정류장이 나온다. 버스정류장 왼편에서 바로 오른다. 등산로를 따라 8분을 오르면 삼성초교에서 오르는 갈림길이 나온다. 계속 능선을 따라 1시간을 오르면 제2전망대가 나온다.

　제2전망대에서 계속 능선을 타고 가면 학우봉 오른쪽 비탈길로 이어지면서 30분을 가면 삼막고개 쉼터가 나온다. 여기서 왼쪽은 삼막사 오른쪽은 삼성산이다. 오른쪽 능선을 타고 15분을 오르면 국기봉에 닿는다. 국기봉에서 왼편 북쪽으로 10분을 가면 삼막사로 가는 갈림길이 나온다. 여기서 직진 능선을 타고 30분을 더 오르면 삼성산 정상이다. 정상에서 바라보면 안양 일대가 조망되고 관악산이 아름답게 올려다 보인다.

　하산은 무너미고개 수목원으로 한다. 관악산 방향 북동 방면 주능선을 따라 10분을 내려가면 바윗길을 통과하고 15분을 더 내려가면 무너미고개 사거리에 닿는다.

　여기서 오른쪽으로 3분을 내려가면 갈림길이 나온다. 갈림길에서 계속 직진 계곡길을 따라 20분을 내려가면 다리 갈림길이 나온다. 갈림길에서 오른쪽 다리를 건너 비탈길을 따라 8분을 가면 갈림길이 나온다. 갈림길에서 계속 비탈길을 따라 18분을 가면 또 갈림길이 나온다. 계속 왼쪽 길을 따라 21분을 더 내려가면 수목원교에 닿는다. 수목원교에서부터 소형차로를 따라 18분 거리에 이르면 버스종점이다.

눈 내린 삼성산 정상.

● **교통**
1호선 관악역 2번 출구.

■ **식당**
우렁각시(일반식) : 만안구
안양동 14-5.   031-471-6768

두부사랑 : 만안구 석수1동
839-6.   031-474-5712

대성식당(일반식) : 만안구
안양2동 산1.   031-472-3382

오리대가(오리) : 안양시 만안구
석수동 820.   031-471-5279

삼성산(三聖山) 481m   석수능선 코스

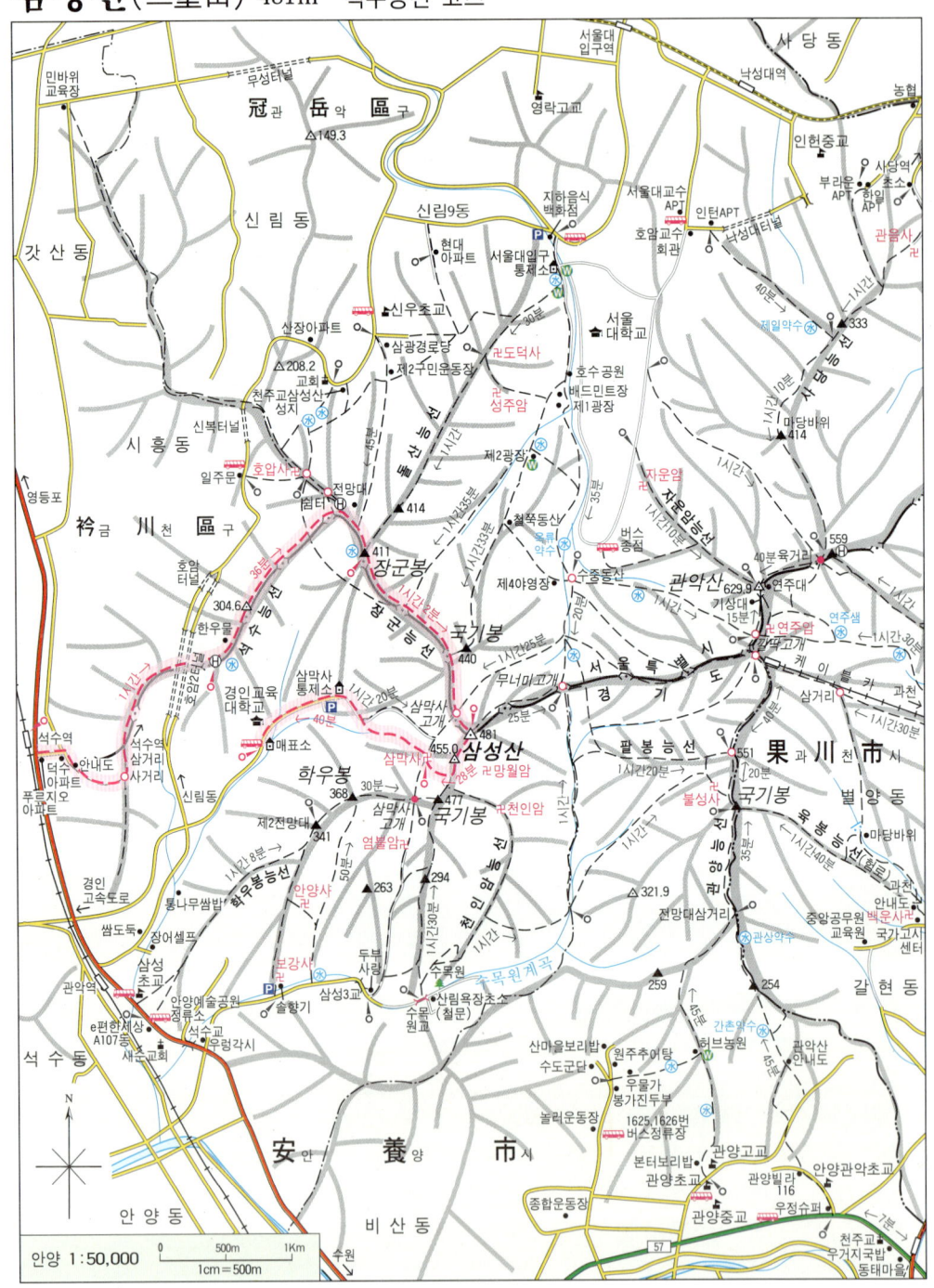

삼성산 석수능선 코스

1호선 석수역-석수능선-장군봉-삼성산-삼막사 총 4시간 46분 소요

석수역→ 60분→ 헬기장→ 36분→ 장군봉→ 62분→ 삼성산→ 28분→
삼막사→ 40분→ 경인대 버스정류장

1호선 석수역 1번 출구 오른쪽 끝 계단으로 내려와 오른편 파리바게트 삼거리에서 좌회전 5분 거리 도로 끝 소형차로 사거리에서 오른쪽으로 50m 가면 언덕에 호암산 안내도가 있다. 안내도 왼편으로 난 등산로를 따라 6분을 올라가면 지능선 사거리가 나온다. 사거리에서 왼쪽 능선을 따라 17분을 오르면 왼쪽 석수역에서 올라오는 갈림길 쉼터가 나온다. 갈림길에서 직진 30분을 오르면 헬기장이 나온다.

헬기장을 지나면 제2한우물이 나오고 곳 바로 왼편으로 큰 한우물이 나온다. 큰 한우물에서 계속 이어지는 지능선을 타고 12분을 오르면 오른편 삼막사 갈림길이 나온다. 여기서 직진 능선을 따라 11분을 더 오르면 헬기장이 나오고 30m 거리에 전망대가 있다. 다시 헬기장에서 오른쪽으로 5분을 가면 헬기장을 지나 삼거리 장군봉이다.

장군봉에서 직진 완만하게 이어지는 주능선을 따라 52분을 가면 깔딱고개 사거리가 나온다. 깔딱고개에서 직진 10분을 더 오르면 통신 안테나가 있는 삼성산 정상이다.

정상에서 하산은 남릉을 타고 20분을 내려가면 사거리가 나온다. 사거리에서 오른쪽으로 8분을 내려가면 삼막사에 닿는다.

삼막사 입구 갈림길에서 왼쪽으로 내려가면 문난한 길로 이어지면서 27분을 내려가면 삼막사통제소에 닿는다. 여기서부터 도로를 따라 13분 거리에 이르면 경인대 버스정류장이다.

석수능선에 위치한 한우물.

● **교통**
1호선 석수역 1번 출구.

■ **식당**
쌈도둑(쌈밥) : 만안구 석수동 54. 031-471-7676

영광숯불(민물장어) : 만안구 석수동 147. 031-471-0186

우렁각시(일반식) : 만안구 안양동 14-5. 031-471-6768

두부사랑 : 만안구 석수1동 839-6. 031-474-5712

삼성산(三聖山) 481m 신림역 코스

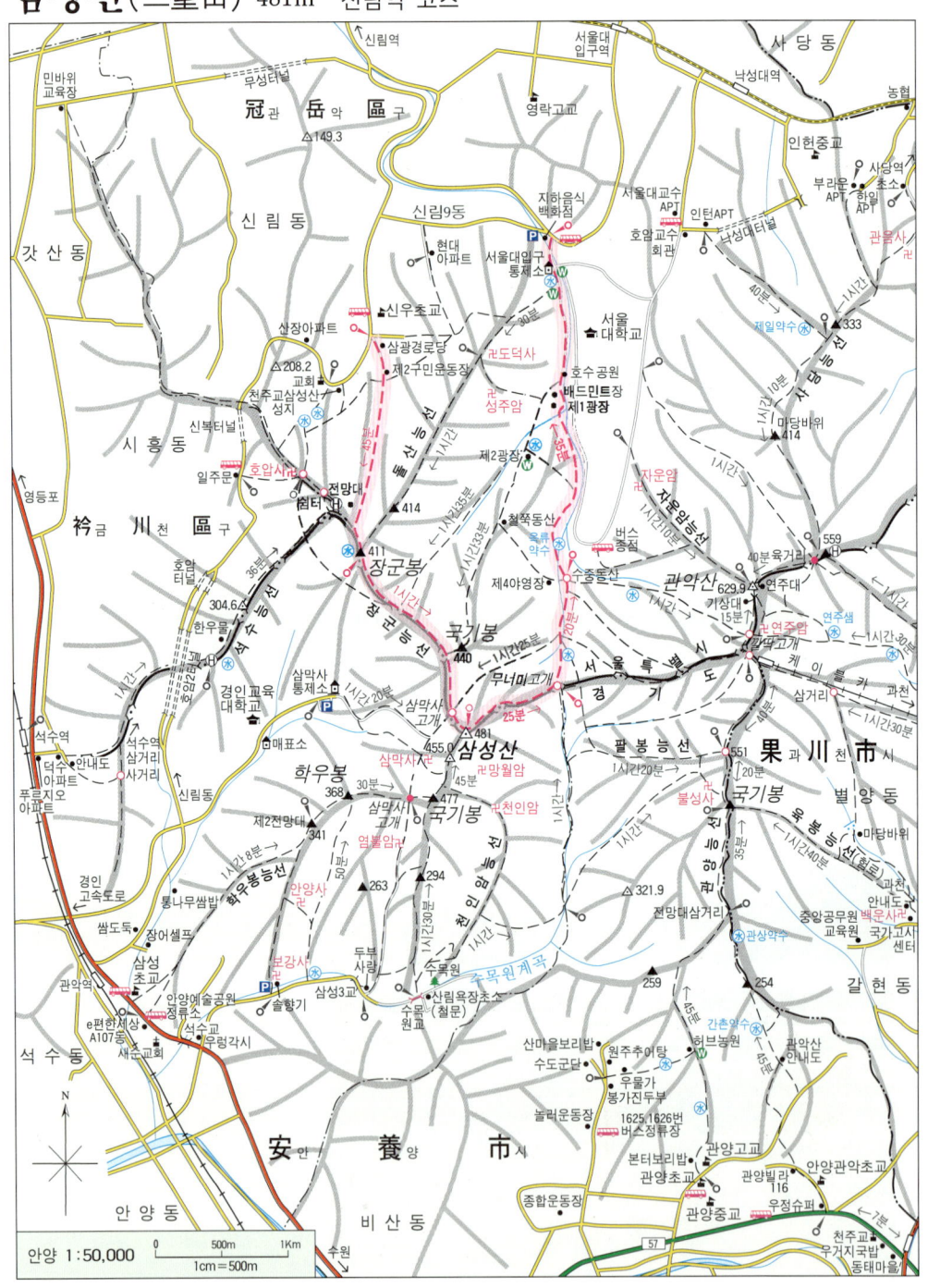

삼성산 신림역 코스

신림초교-장군봉-삼성산-무너미고개-서울대 입구 총 4시간 5분 소요

신우초교→ 45분→ 장군봉→ 60분→ 삼성산→ 25분→
무너미고개→ 55분→ 서울대 입구

2호선 신림역 3번 출구에서 진주아파트 방면 152번, 5520번 버스를 타고 신림동 신우초교정류장에서 하차한다. 신우초교에서 남쪽으로 약 50m 가면 왼쪽으로 소형차로 갈림길이 나온다. 갈림길에서 왼쪽 소형차로를 따라 10분을 가면 경인굿당을 지나 제2구민운동장이 나온다. 제2구민운동장을 지나면 갈림길이 나오는데 언제나 직진으로 간다. 계속 직진으로 오르면 제3쉼터 제2쉼터를 지나면서 능선으로 이어져 35분 거리에 이르면 헬기장을 지나서 장군봉에 닿는다.

장군봉에서 동남쪽 장군능선을 따라 간다. 장군능선은 평지와 같은 능선길로 이어진다. 능선길은 좌 우 로 갈림길이 수차례 나오는데 언제나 직진 능선만을 따라 간다. 장군봉에서 50분 거리에 이르면 사거리 안부가 나온다. 안부에서 오른쪽은 삼막사 왼쪽은 서울대 입구 방면이다. 사거리에서 진진으로 10분을 더 오르면 통신안테나가 있는 삼성산 정상에 닿는다.

하산은 무너미고개를 경유하여 서울대 입구로 내려간다.

정상에서 관악산 방향 북동 방면 주능선을 따라 10분을 내려가면 바윗길을 통과하고 15분을 더 내려가면 무너미고개 사거리에 닿는다.

무너미고개에서 왼쪽으로 내려가면 무난한 길로 이어지면서 20분을 내려가면 수중동산 사거가 나온다. 여기서 35분을 더 내려가면 서울대 입구이다.

삼성산 줄기 호암산.

● **교통**
2호선 신림역 3번 출구에서 152번, 5520번 버스를 이용, 신우초교 하차.

■ **식당**
고향고기촌 . 신림 10동 신우초교 앞. 02-874-5530

유황오리 : 관악구 신림10동 320-36. 02-874-5292

전주식당(일반식) : 신림9동 910 지하. 02-875-5742

삼성산(三聖山) 481m 장군봉 코스

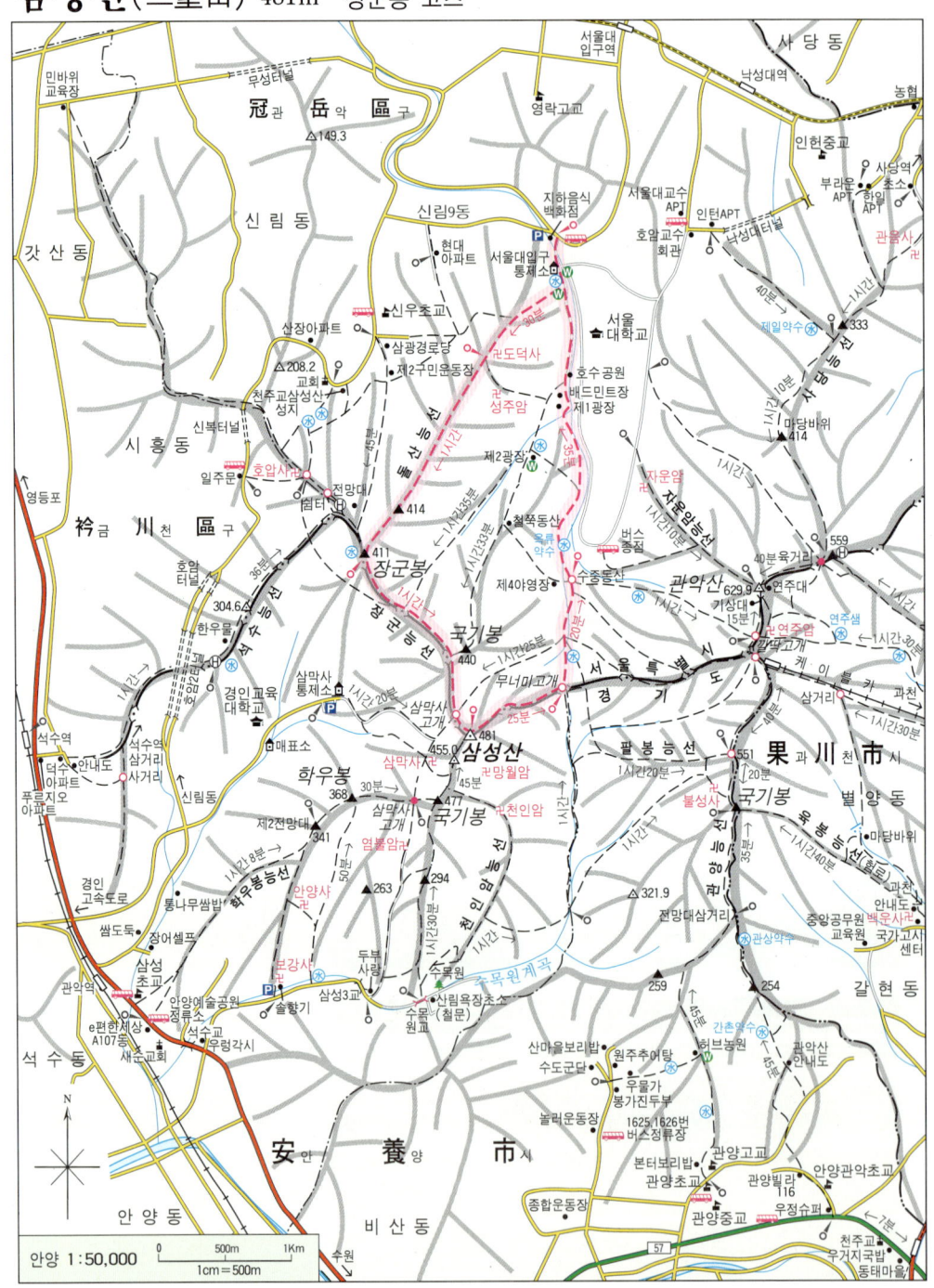

삼성산 장군봉 코스

서울대 입구-장군봉-삼성산-무너미고개-서울대 입구   총 4시간 50분 소요

서울대 입구→ 30분→ 돌산능선→ 60분→ 장군봉→ 60분→ 삼성산→ 25분→ 무너미고개→ 20분→ 수중동산 사거리→ 35분→ 서울대 입구

2호선 서울대입구역 2번 출구에서 5515A, 또는 5515B 버스를 타고 서울대 입구 하차 후, 서쪽으로 50m 정도 가면 관악산광장이 나온다. 광장에서 산책로를 따라 7분을 가면 경노구역 삼거리가 나온다. 삼거리에서 오른 쪽 능선으로 오른다. 이정표가 있는 등산로를 따라 23분을 오르면 바위봉 돌산능선에 닿는다.

돌산능선에서 남쪽 장군봉을 향해 가면 암릉길로 이어진다. 암릉길 또는 우회길을 이용하면서 1시간을 오르면 장군봉에 닿는다.

장군봉에서 남동쪽 장군능선을 따라 35분 거리에 이르면 깔딱고개에 닿는다.

*또는 (관악산광장에서 산책로를 따라 13분 거리 호수공원 삼거리에서 오른편 산책로를 따라 10분을 가면 제2광장이 나온다. 제2광장에서 오른편 길을 따라 조금 지난 삼거리에서 직진으로 간다. 여기서부터 깔딱고개 이정표만을 따라 45분을 오르면 깔딱고개에 닿는다.)

깔딱고개에서 직진 15분을 가면 삼막사 삼거리에 닿고, 10분을 더 오르면 송전탑이 있는 삼성산 정상에 닿는다.

하산은 동쪽 관악산 방향 능선을 따라 25분을 내려가면 사거리 무너미고개가 나온다.

무너미고개에서 왼편 북쪽으로 20분을 내려가면 수중동산 사거리에 닿는다.

수중동산 사거리에서 직진하여 35분을 내려가면 서울대 입구에 닿는다.

삼성산 남쪽 국기봉.

●교통
2호선 서울대입구역 3번 출구에서 5515A, 5515B 버스 이용, 서울대 입구 하차.

■식당
관악산회관(일반식) : 신림9동 910-2 2층. 02-873-0943

전주식당(일반식) : 신림9동 910 지하. 02-889-5030

낙원정(일반식) : 신림9동 910 지하. 02-875-5742

청계산(淸溪山) 615m   청계산역 코스

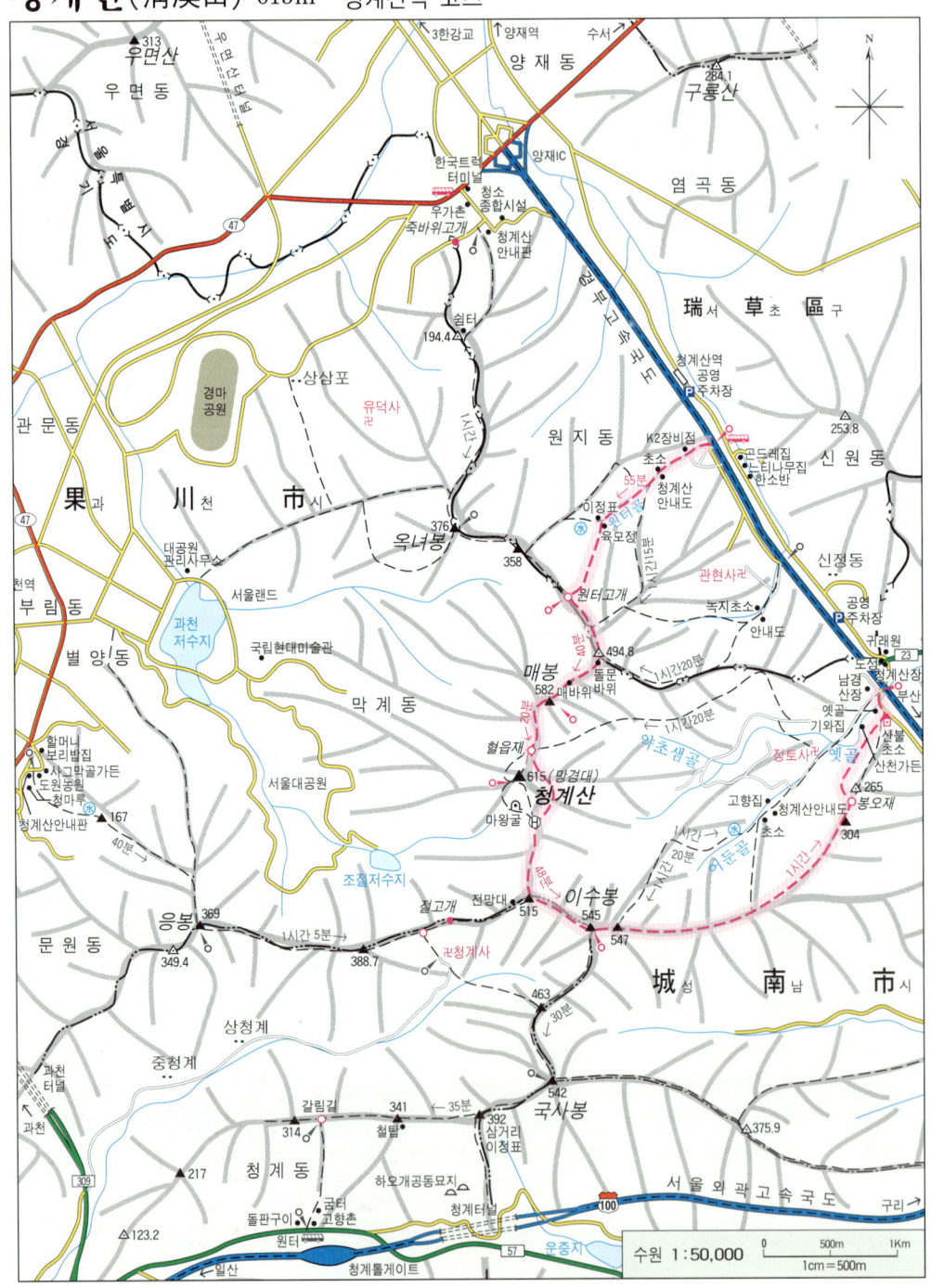

청계산 청계산역 코스 서울특별시 강남구 · 경기도 과천시

신분당선 청계산역-원터골-청계산-이수봉-옛골 총 4시간 43분 소요

원지동 → 55분 → 원터고개 → 40분 → 매봉 → 20분 → 청계산 → 48분 →
이수봉 → 60분 → 옛골 굴다리

청계산(淸溪山. 615m)은 서초구, 과천시, 성남시, 의왕시에 걸쳐 있는 산이며 원터골, 옛골, 화물터미널, 과천 방면에서 등산로가 있다.

신분당선 청계산역 2번 출구에서 남쪽으로 300m 거리에 이르면 원터골 입구이다. 여기서 굴다리를 통과 5분을 가면 청계산 안내도가 있는 산행기점이다. 여기서부터 계곡길을 따라 35분을 가면 정자 삼거리다. 여기서 왼쪽으로 15분을 오르면 원터고개 삼거리에 닿는다.

원터고개에서 왼쪽으로 23분을 오르면 494.8봉 삼거리에 닿고, 삼거리에서 오른쪽으로 17분을 가면 매봉에 닿는다.

매봉에서 13분을 가면 혈읍재 사거리가 나오고, 7분 더 오르면 청계산 정상 입구 표지목에 닿는다.(정상은 오르지 못함.)

하산은 이수봉 방면 왼쪽 비탈길을 따라 12분을 내려가면 임도가 나온다. 여기서 오른쪽 임도를 따라 5분을 가면 헬기장이다. 헬기장을 통과 23분을 가면 삼거리가 나온다. 삼거리에서 왼쪽으로 8분을 가면 삼거리 이수봉에 닿는다.

이수봉에서 동쪽 능선을 따라 6분을 가면 안테나봉 갈림길이 나온다. 갈림길에서 왼쪽은 천수샘약수터 옛골, 오른쪽은 능선길 옛골이다. 능선길을 따라 44분을 내려가면 봉우재 삼거리가 나온다. 봉우재에서 왼쪽으로 10 을 내려가면 굴다리를 통과하고 10분 거리에 이르면 옛골 버스정류장이다.

남쪽 헬기장에서 바라본 청계산.

●교통
분당선 청계산역 2번 출구.

■식당
곤드레밥집 : 서초구 신원동 원터골 입구. 02-574-4542

느티나무집(일반식) : 서초구 신원동. 02-573-7232

옛골토성(오리) : 서초구 신원동 69-7. 02-578-0808

방일해장국 : 성남시 수정구 상적동 211-4. 031-757-4751

청계산(淸溪山) 615m 화물터미널 코스

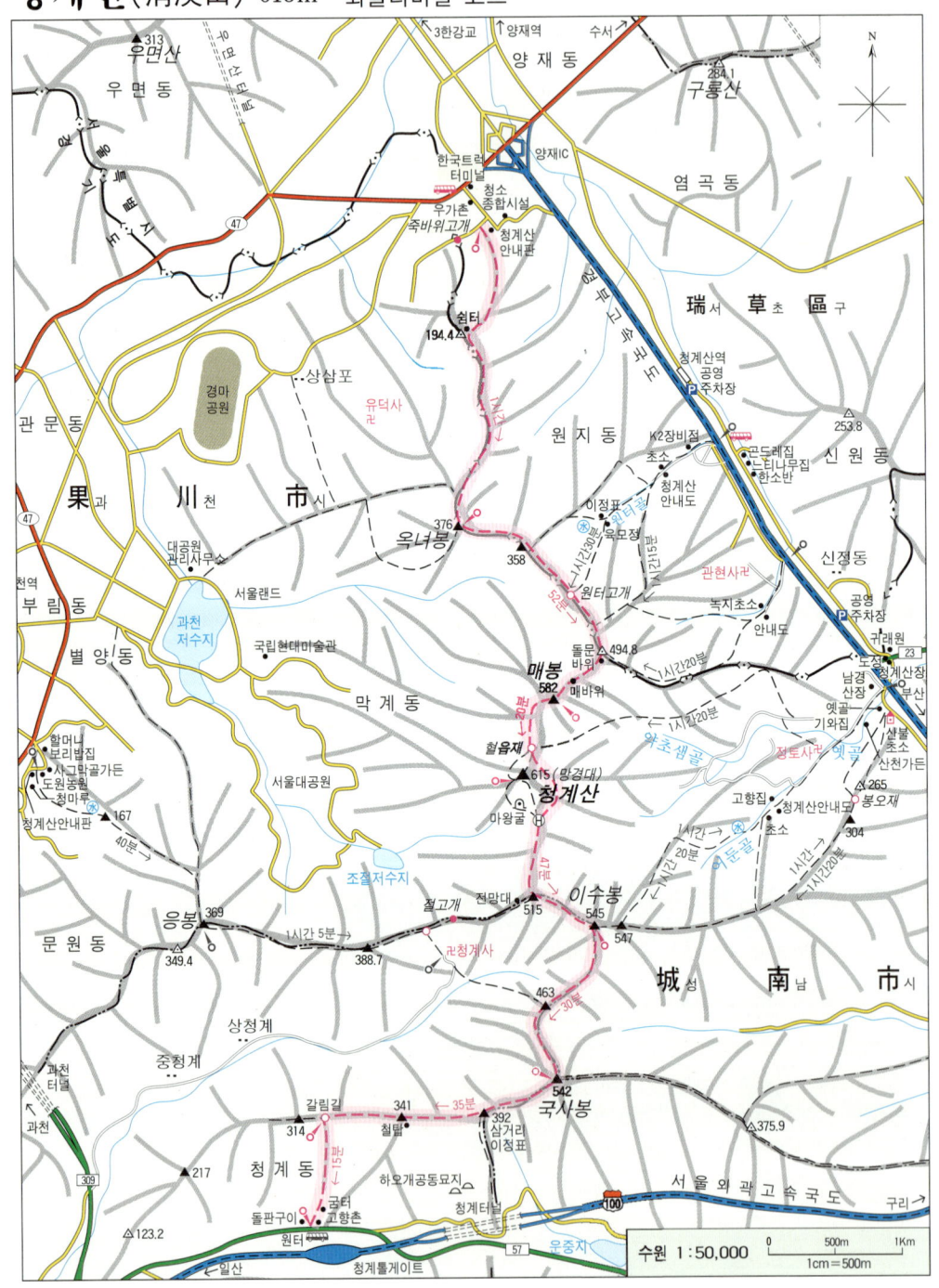

청계산 화물터미널 코스

화물터미널-옥녀봉-매봉-이수봉-국사봉-원터마을   총 5시간 19분 소요

화물터미널→ 60분→ 옥녀봉→ 52분→ 매봉→ 20분→ 청계산→ 47분→
이수봉→ 30분→ 국사봉→ 50분→ 원터

양재동 화물터미널 입구에서 남쪽 터미널 길로 200m 가면 도로 끝에 청계산 안내판이 있다. 여기서부터 완만한 등산로를 따라 1시간을 오르면 옥녀봉에 닿는다.

옥녀봉에서 남쪽 능선으로 12분을 내려간 원터고개에서 계단길을 따라 40분을 오르면 청계산 정상을 대신하는 매봉에 닿는다.

매봉에서 남쪽 능선으로 13분을 내려가면 헐읍재를 지나서 7분 거리에 이르면 청계산 정상 입구 표지목이 있다.(정상은 오르지 못함.)

표지목에서 왼편 비탈길을 따라 12분을 내려가면 임도에 닿고 임도에서 오른쪽으로 5분을 가면 헬기장이다. 헬기장에서 계속 남쪽 능선을 따라 23분 거리에 이르면 삼거리가 나온다. 삼거리에서 왼쪽으로 8분을 가면 이수봉 삼거리다.

이수봉에서 남쪽 국사봉 능선을 따라 8분을 내려가면 청계사 갈림길이 나온다. 갈림길에서 직진 능선을 따라 22분을 오르면 국사봉에 닿는다.

국사봉에서 서쪽은 하오고개 원터마을이고, 동쪽은 운중동 판교 방면이다.

오른편 원터마을 쪽으로 15분 거리에 이르면 안부사거리를 지나 삼거리가 나온다. 삼거리에서 왼쪽으로 2분을 오르면 삼거리가 나온다. 삼거리에서 왼쪽은 하오고개, 직진은 원터마을이다. 원터마을 쪽으로 3분 거리 갈림길에서 오른쪽으로 15분을 내려가면 안부 갈림길이 나온다. 갈림길에서 왼쪽으로 15분을 내려가면 원터마을 버스정류장이다.

정상을 대신하는 청계산 매봉.

● 교통
3호선 양재역 7번 출구에서 08번 마을버스 이용 화물터미널 종점 하차.

■ 식당
우가촌(일반식) : 서초구 양새동 223. 02-572-8548

왕돌구이(일반식) : 의왕시 청계동 189. 031-425-2833

굼터(생선구이) : 의왕시 청계동 180. 031-424-3392

청계산 (清溪山) 615m 매봉(응봉) 코스

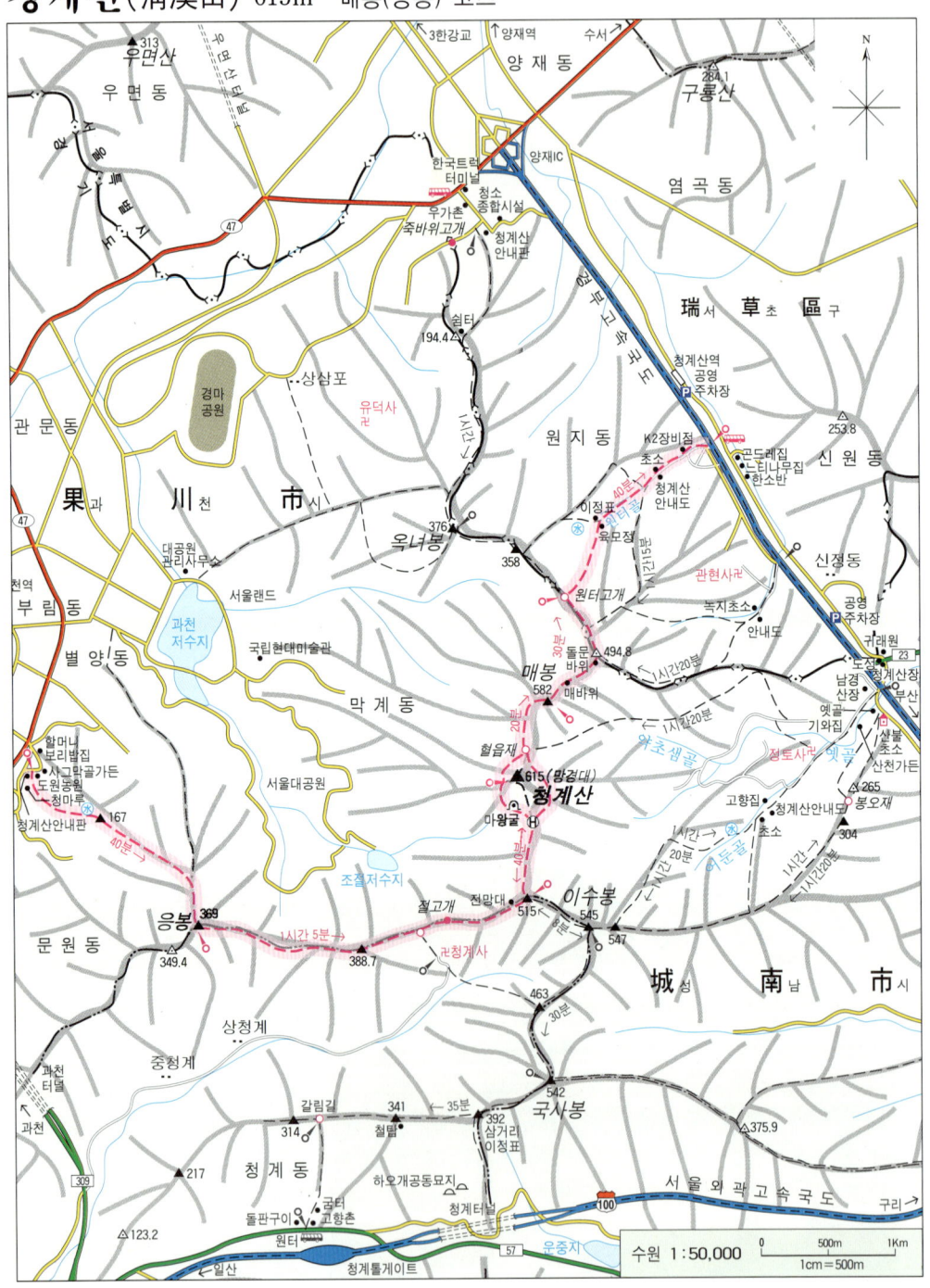

청계산 매봉(응봉) 코스

4호선 정부과천청사역-매봉(응봉)-청계산-원터골-청계산역 총 4시간 55분 소요

도원농원→ 40분→ 매봉→ 65분→ 삼거리→ 40분→ 청계산→ 20분→ 매봉→ 30분→ 원터고개→ 40분→ 원터골 입구

4호선 정부과천청사역 1번 출구로 나와 서울쪽 150m 거리 과천주유소에서 동쪽으로 우회전 중앙공원 일직선 노점 상가를 지나서 왼쪽 굴다리를 두 번 통과한 후, 도로 건너 소형차로를 건너 5분을 가면 도원농원이 나온다. 도원농원 오른편 골목으로 들어서면 청계산 안내도를 지나면서 산행시작이다. 뚜렷한 등산로를 따라 6분 거리 갈림길에서 오른쪽으로 10분을 가면 안부 사거리가 나온다. 사거리에서 직진 14분을 오르면 갈림길 쉼터이다. 여기서 오른쪽으로 10분을 오르면 표지석이 세워진 매봉(응봉)이다.

매봉에서 계속 능선을 타고 42분 거리에 이르면 안부 청계사 갈림길이 나온다. 갈림길에서 직진 능선을 타고 8분을 오르면 청계사 갈림길이 또 나온다. 갈림길에서 왼쪽 능선을 타고 15분을 오르면 전망대를 지나고, 2분을 더 가면 주능선 삼거리에 닿는다.

삼거리에서 왼편 북쪽 능선을 따라 25분을 가면 공터 삼거리가 나온다. 삼거리에서 왼편 능선으로 가다가 왼쪽 마왕굴을 지나면서 비탈길을 따라 15분을 가면 만경대 아래에 닿는다. 정상은 오를 수 없고, 여기서 계속 비탈길을 따라 7분을 가면 헐음재를 지나고, 13분을 오르면 매봉이다.

매봉에서 15분을 내려가면 헬기장 삼거리가 나온다. 삼거리에서 계속 북쪽 주능선을 따라 15분을 내려가면 원터고개에 닿는다.

원터고개에서 오른쪽으로 계곡을 따라 40분을 내려가면 원터골 입구에 닿는다.

응봉능선에서 바라본 청계산 북쪽면.

●교통
4호선 과천종합청사역 1번 출구.

■식당
도원농원(일반식) : 관천시 문원동 224. 02-502-1414

곤드레밥집 : 서초구 신원동 원터골 입구. 02-574-4542

느티나무집(일반식) : 신원동 청계산 원터골 입구. 02-573-7232

정선으로가는길(곤드레밥) 원터골 입구. 02-572-9822

수락산(水落山) 640.6m 수락산역 코스

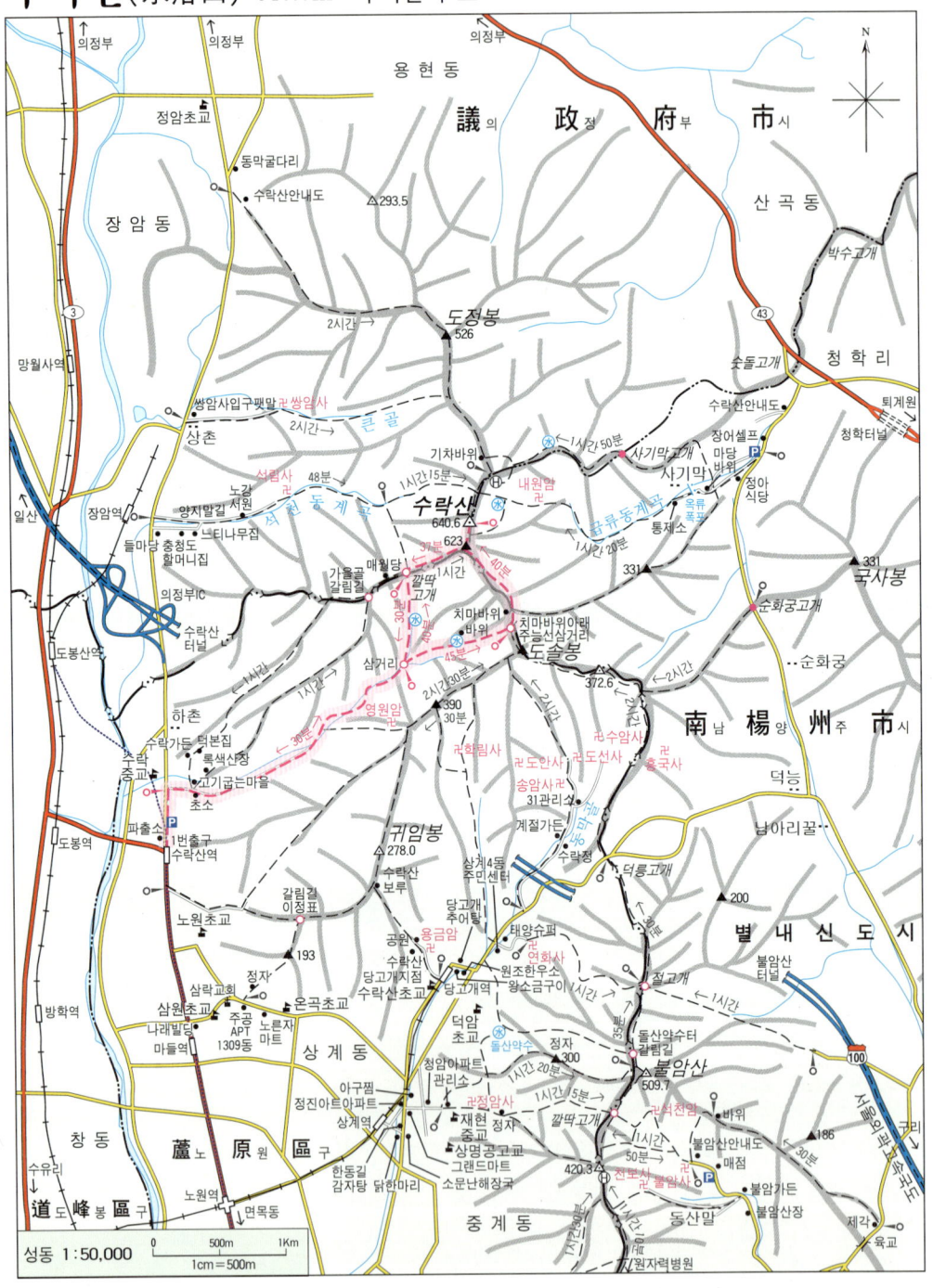

수락산 수락산역 코스 서울특별시 도봉구 · 경기도 남양주시

7호선 수락산역-치마바위-수락산-깔딱고개-7호선 수락산역   총 4시간 32분 소요

초소(입석)→ 30분→ 삼거리→ 45분→ 주능선→ 40분→ 수락산→ 37분→

깔딱고개→ 30분→ 삼거리→ 30분→ 초소

수락산(水落山 640.6m)은 도봉구 상계동, 의정부시 경계에 위치한 산이다. 대부분 바위산으로 이루어져 있고 등산로도 대부분 바윗길이다. 안전설치가 되어 있으나 매우 조심해야 할 등산로가 많은 산이다. 등산코스는 수락산역, 마들역, 상계역, 의정부 방면 청학리 코스 등이 있다. 대표적인 등산로는 수락산역에서 시작하여 바위굴 수락산 깔딱고개를 경유하여 다시 수락산역으로 원점회귀산행이다.

7호선 수락산역 1번 출구에서 북쪽 인도를 따라 200m 가서 오른쪽으로 가면 수락산 입구 초소가 나온다. 초소에서부터 넓은 길을 따라 30분을 가면 합수곡 삼거리가 나온다.

합수곡 삼거리에서 오른쪽으로 가면 바위굴을 지나면서 45분을 오르면 주능선에 닿는다.

주능선에서 왼쪽으로 8분을 가면 치마바위 갈림길이 나온다. 갈림길에서 오른쪽 길은 바윗길이므로 왼쪽으로 간다. 왼쪽 비탈길을 따라 7분을 가면 코끼리바위 아래 전망대이다. 여기서 왼편 바윗길을 내려서면 다시 능선길로 이어져 25분을 오르면 수락산 정상에 닿는다.

하산은 다시 남쪽 급경사를 내려서 능선으로 7분 거리 철모바위 갈림길에서 오른편 서쪽 능선을 탄다. 서쪽능선은 바윗길이며 밧줄지역이다. 바윗길 밧줄을 이용하여 30분을 내려가면 깔딱고개 사거리에 닿는다

깔딱고개에서 왼쪽으로 30분 내려가면 삼거리가 나오고, 30분 더 내려가면 초소에 닿는다.

수락산 정상.

● **교통**
7호선 수락산역 1번 출구.

■ **식당**
고기굽는마을(삼겹살) :
노원구 상계1동 1226.
02-934-9292

수락가든(토종닭) :
노원구 상계1동.
02-933-9490

덕본집(오리백숙 쌈밥) :
노원구 상계동 1214-4.
02-952-5292

수락산(水落山) 640.6m 장암역 코스

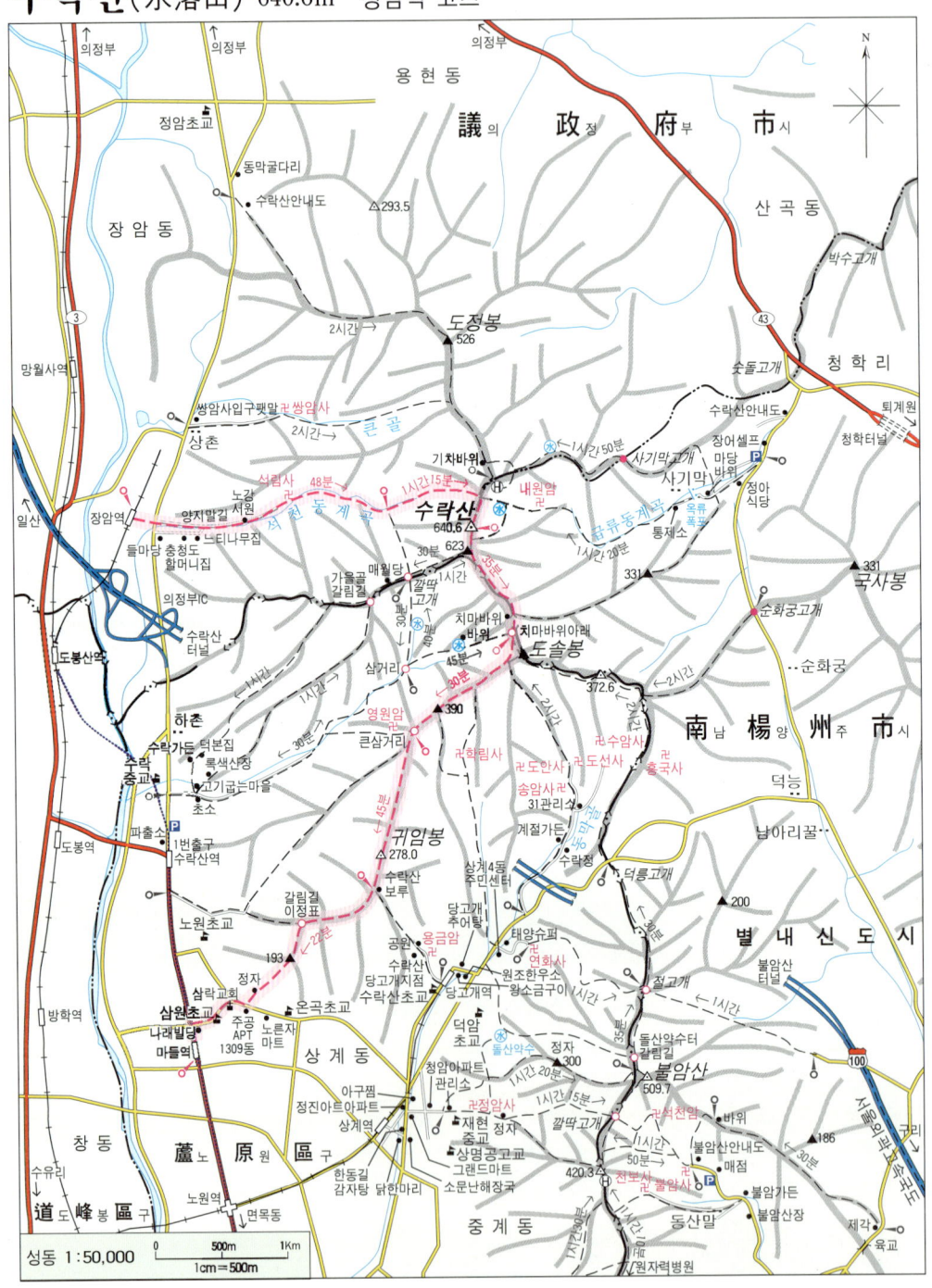

수락산 장암역 코스

7호선 장암역-석림사-수락산-도솔봉전삼거리-7호선 마들역 총 5시간 15분 소요

장암역 → 48분 → 삼거리 → 75분 → 수락산 → 35분 → 도솔봉 전 삼거리 → 30분 → 큰삼거리 → 45분 → 보루 → 22분 → 마들역

7호선 장암역 1번 출구에서 50m 거리 도로 건너 오른쪽 골목길을 따라 12분 거리 노강서원을 지나 10분을 가면 석림사가 나온다. 석림사에서부터 산길을 따라 25분을 가면 삼거리 제3쉼터가 나온다.

삼거리에서 왼쪽으로 6분을 가면 갈림길이 나온다. 여기서 오른쪽으로 30분을 오르면 지능선에 닿는다. 지능선에서 오른쪽 바위 능선을 타고 30분을 오르면 주능선 사거리고, 여기서 오른쪽 바윗길을 타고 9분을 오르면 수락산 정상이다.

하산은 남쪽 주능선을 따라 7분을 내려가면 철모바위 삼거리다. 삼거리에서 왼쪽으로 13분을 내려가면 코끼리바위 아래를 지나고, 5분을 더 가면 치마바위다. 여기서 오른쪽으로 8분을 간

삼거리에서 직진 50m를 가면 도솔봉 전 삼거리가 나온다.

삼거리에서 오른쪽 비탈길을 따라 7분을 가면 전망바위가 있고, 여기서 능선을 따라 23분을 내려가면 마들역 수락산역 큰삼거리가 나온다.

큰삼거리에서 왼쪽 마들역을 향해 20분을 내려가면 귀임봉에 닿고 계속 25분을 내려가면 수락산 보루가 나온다.

보루 왼쪽 30m 거리 이정표 삼거리에서 오른쪽 마들역을 향해 5분을 내려가면 갈림길이 나온다. 갈림길에서 왼쪽 주공13단지 쪽으로 10분 내려가면 주공아파트 1109동 앞 도로에 닿고 도로 오른편 50m 삼거리에서 왼쪽으로 7분을 가면 마들역이다.

수락산 남쪽 철모바위 일대

● **교통**
7호선 마들역 하차.

■ **식당**
만남의집(일반식) : 의정부시 장암동 210-1. 017-270-2625

산마루(일반식) : 의정부시 장암동 209-16. 031-872-5549

신의주찹쌀순대 : 마들역 8번 출구. 02-937-3323

표계촌(부대찌개) : 마들역 7번 출구. 02-3391-3354

수락산(水落山) 640.6m 청학리 코스

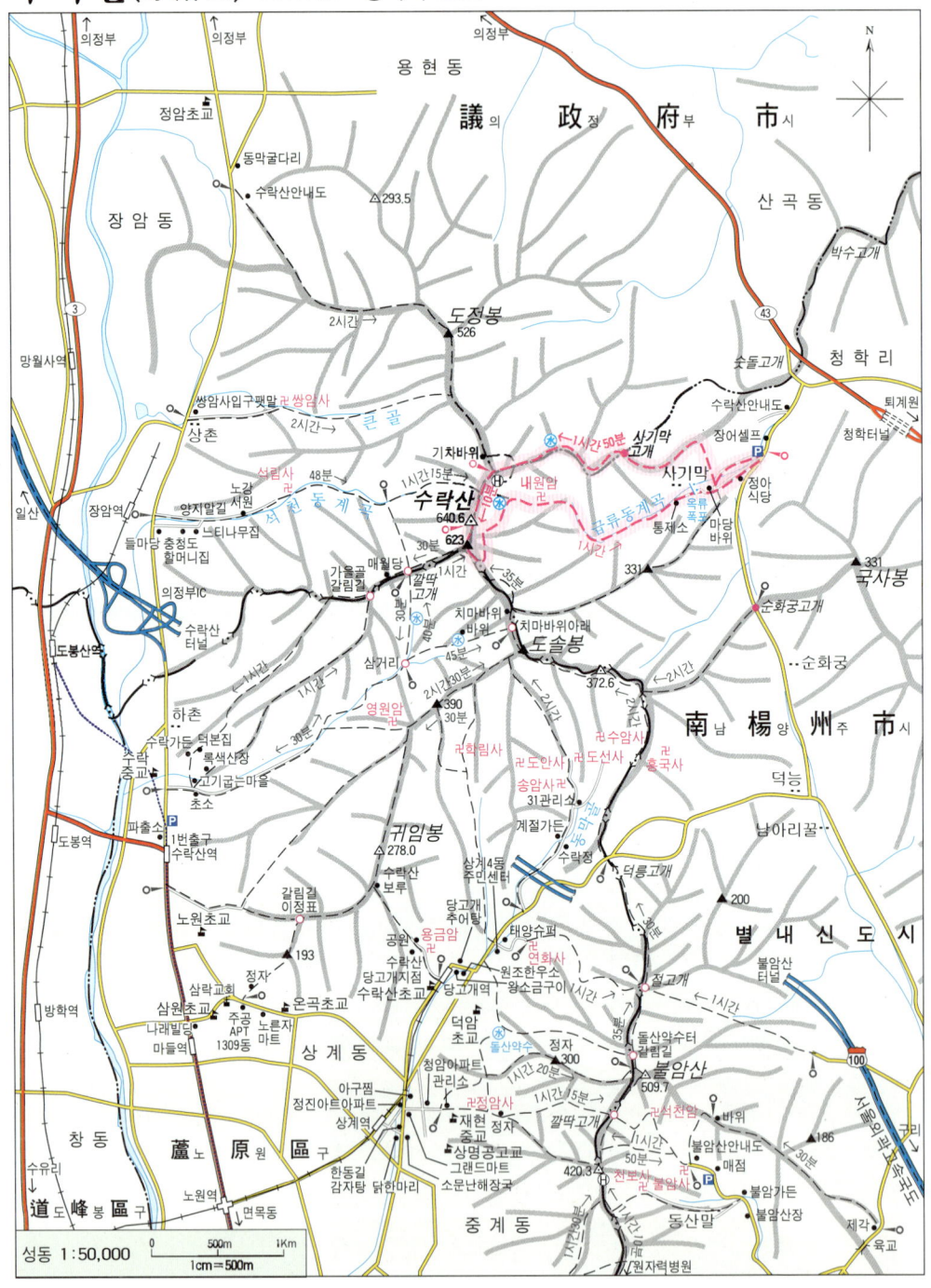

수락산 청학리 코스

청학리-기차바위(위)-수락산-청학리 총 4시간 소요

청학리→ 110분→ 기차바위→ 10분→ 수락산→ 60분→ 청학리

　수락산(水落山 640.6m) 청학리 코스는 수락산 북쪽 별내면 청학리에서 시작하여 기차바위를 경유하여 수락산 정상에 오른 뒤, 서쪽 수락산장을 경유하여 다시 청학리로 원점회귀 산행이다. 등산로는 청학리에서 오를 때 바윗길이 많이 있으므로 주의해서 산행을 해야 한다.

　청학리 금류동계곡 입구 도로 버스정류장에서 서쪽 계곡 오른편으로 난 소형차로를 따라 7분을 들어가면 갈림길이 나온다. 갈림길에서 소형차로를 벗어나 오른편 샛길로 간다. 샛길을 따라 4분을 가면 묘를 지나서 3분을 더 가면 지능선 삼거리가 나온다. 삼거리에서 왼쪽으로 오르면 밧줄 지역을 지나면서 24분을 오르면 갈림길이 나온다. 갈림길에서 직진 밧줄 지역을 두 번 지나면 서 38분을 오르면 향로봉을 지나고 12분을 더 가면 약수터를 지나며 12분을 더 가면 갈림길이 나온다. 여기서 왼쪽 능선으로 10분을 가면 기차바위 위에 닿는다.

　여기서 왼편 남쪽으로 3분 내려가면 안부 사거리가 나온다. 안부에서 직진 5분을 더 오르면 수락산 정상이다.

　정상에서 하산은 남쪽으로 바위를 내려서면 바로 왼편으로 비탈길이 나온다. 여기서 왼편 비탈길은 따라 8분을 내려가면 수락산장 삼거리가 나온다. 산장에서 오른편으로 45분을 내려가면 주차장이 나오고 7분을 더 가면 장어셀프 도로에 닿는다.

수락산 철모바위.

● **교통**
1호선 의정부역에서 청학리행 1번 버스 이용, 창학리 등산로 입구 하차.

■ **식당**
장어셀프 : 별내면 청학리 536-4. 031-841-7176

두꺼비집(닭,오리) : 별내면 청학리 535-1. 031-841-9775

정아식당(토종닭, 오리) : 별내면 청학리 567. 031-841-3924

불암산(佛岩山) 509.7m 상계역 코스/효성아파트 코스

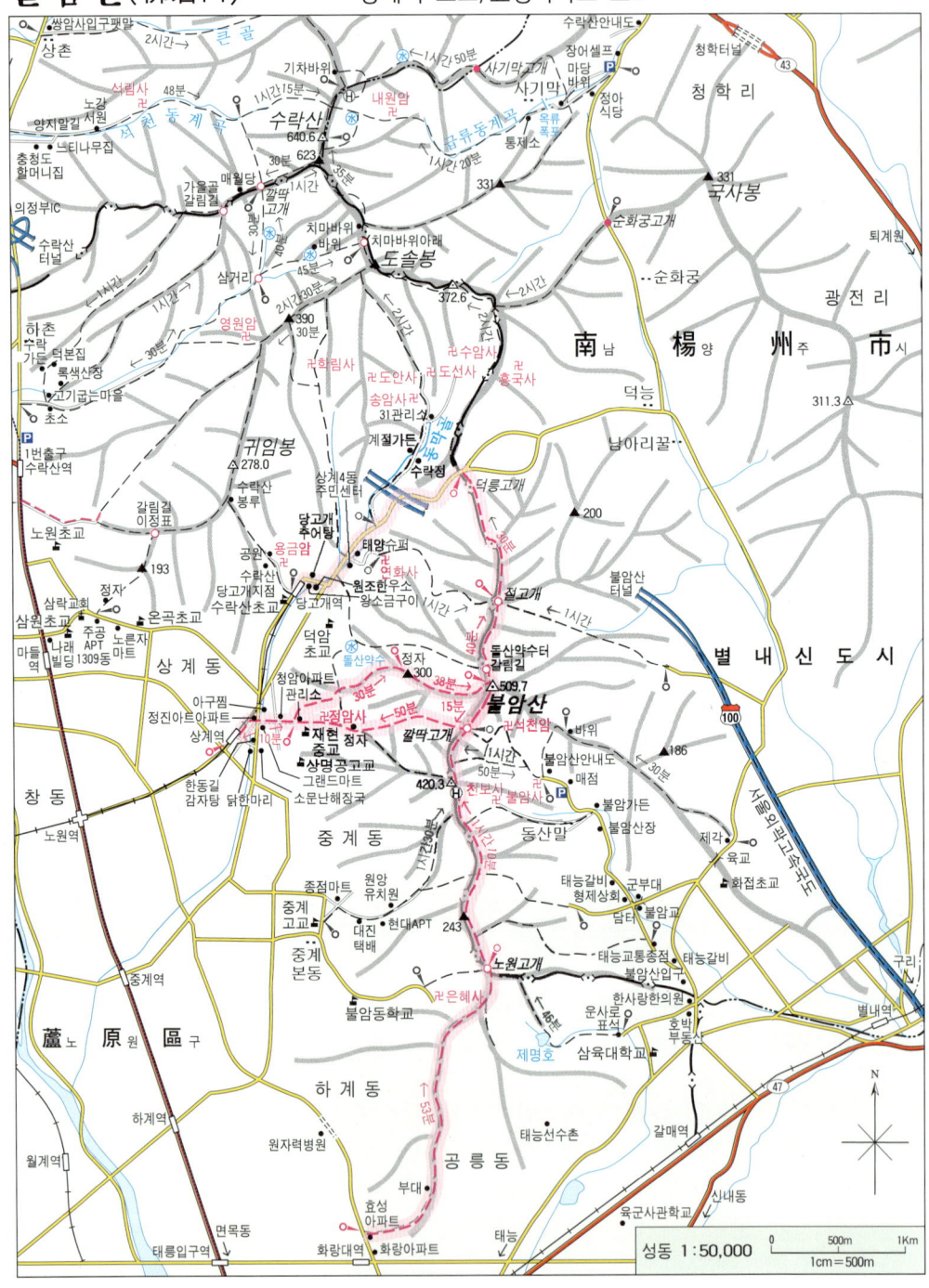

불암산 상계역 코스 서울특별시 도봉구 · 경기도 남양주시

4호선 상계역-정자-불암산-깔딱고개-4호선 상계역 총 3시간 33분 소요

상계역→ 10분→ 관리소→ 30분→ 전망대→ 38분→ 불암산→ 15분→
깔딱고개→ 50분→ 관리소→ 10분→ 상계역

불암산(佛岩山 509.7m)은 노원구 상계동과 남양주시 별내신도시 경계를 이루고 있는 산이다. 정상 일대는 바위지역이며 정상은 거대한 바위봉이다. 불암산 북쪽 덕릉고개를 사이에 두고 북쪽은 수락산 남쪽은 불암산이다. 등산로는 정상 주변은 험한 바윗길이며 안전 철계단으로 안전시설이 되어있으나 주의가 필요한 산이다.

대표적인 산행 코스는 4호선 상계역에서 시작하여 돌다방쉼터 능선을 타고 불암산에 오른다. 하산은 깔딱고개를 경유하여 다시 상계역으로 원점회귀산행이다.

4호선 상계역 1번 출구에서 북쪽으로 샛길을 따라 100m 거리에 이르면 오른쪽으로 그랜드마트가 나온다. 그랜드마트 쪽 차도를 따라 100m 가면 4. 5등산로 입구 불암산 관리소가 나온다. 왼쪽은 능선길 오른쪽은 계곡으로 모두 정상으로 이어진다.

왼쪽 능선을 따라 18분을 오르면 돌다방쉼터가 나온다. 쉼터에서 계속 12분을 더 오르면 정자가 있는 전망대가 나온다.

전망대에서 급경사 바윗길을 따라 28분을 오르면 주능선 삼거리에 닿고 철계단 길을 타고 10분을 더 오르면 불암산 정상에 닿는다.

하산은 남쪽 바윗길 철계단을 따라 15분을 내려가면 사거리 깔딱고개에 닿는다.

깔딱고개에서 오른쪽 계단길을 따라 내려가면 계곡으로 이어져 50분을 내려가면 관리소에 닿고 상계역까지는 10분 거리다.

불암산 동쪽 중턱에 자리한 불암사.

● 교통
4호선 상계역 하차.

■ 식당
한동길감자탕 : 노원구 중계동 142-3. 02-931-7066

닭한마리 : 노원구 중계동 152-1. 02-936-3989

생소금구이 : 노원구 상계3동 65-1. 02-938-5393

한우양구이 곱창 : 노원구 상계3동 65. 02-938-3645

불암산 효성아파트 코스

★ 지도는 76면에 있어요.

원자력병원-노원고개-불암산-덕릉고개-4호선 당고개역 총 4시간 13분 소요

효성아파트→ 53분→ 노원고개→ 70분→ 불암산→ 40분→ 절고개→ 30분→ 덕릉고개

원자력병원 후문 효성아파트 입구 버스정류장에서 동쪽 도로를 따라 100m 들어가면 불암산 둘레길 산책로가 시작된다. 넓은 산책로를 따라 13분을 가면 부대시설이 나오면서 넓은 길은 끝나고 등산길로 바뀐다. 여기서부터 나지막한 주능선 등산로를 따라 33분 거리에 이르면 삼육대 갈림길이 나오고, 직진하여 6분을 더 가면 노원고개 사거리가 나온다.

노원고개에서 계속 주능선을 타고 25분을 오르면 헬기장 삼거리가 나온다. 헬기장에서 북쪽 주능선을 따라 5분을 내려가면 깔딱고개 사거리가 나온다. 왼쪽은 상계동 오른쪽은 불암사 방면이다.

깔딱고개에서 불암산을 바라보고 직진 급경사 철계단을 따라 30분을 오르면 불암산 정상에 닿는다.

정상에 서면 사방이 막힘이 없고 상계동 일대 별내 일대가 내려다보인다.

하산은 북쪽 능선을 탄다. 정상에서 동쪽 방향으로 내려서 북쪽으로 5분을 내려가면 삼거리가 나온다. 삼거리에서 오른편 능선을 따라 35분 거리에 이르면 절고개 사거리가 나온다.

절고개에서 왼쪽은 상계동 오른쪽은 별내신도시 방면이다. 절고개에서 계속 북쪽 주능선을 따라 가면 무난하게 이어지면서 30분 거리에 이르면 덕릉고개에 닿는다.

덕릉고개에서 왼쪽 도로를 따라 30분 정도 내려가면 당고개역이다.

거대한 바위봉 불암산 정상.

● 교통
6호선 화랑대역 5번 출구에서 1143번 버스 이용, 효성아파트 하차.

■ 식당
한동길감자탕 : 노원구 중계동 142-3. 02-931-7066

생소금구이 : 노원구 상계3동 65-1. 02-938-5393

닭한마리 : 노원구 중계동 152-1. 02-936-3989

남한산성

경기도 하남시, 성남시, 광주시(京畿道 河南市, 城南市, 廣州市)

군사를 지휘하던 남한산성 수어장대.

　남한산성(南漢山城)은 서울특별시, 송파구, 하남시, 성남시, 광주시 경계에 위치한 산이다. 광범위한 면적에 400m~550m급 나지막한 높이의 산군으로 이루어져 있으며 정상을 중심으로 남한산성으로 둘러싸여 있다. 성의 외부는 급경사를 이루어 적의 접근이 어렵고 내부는 경사가 완만하여 넓은 경작지와 물을 갖춘 천혜의 전략적 요충지의 지형이다.

　전체적인 산세는 북 서쪽 남쪽 면은 급경사를 이루고 있고 동남쪽은 완만한 지형을 이루고 있다. 조선시대 뿐 아니라 삼국시대부터 천연의 요새로 중요한 역할을 하던 곳이며 백제의 시조인 온조의 왕성이었다는 기록도 있고, 나당전쟁이 한창이던 신라 문무왕 12년(672년)에 한산주에 쌓은 주장성이라는 기록도 있다. 고려시대에는 몽고의 침입을 격퇴한 곳이기도 하고 일제강점기에는 항일운동의 거점이 되기도 한 곳이다.

　조선 인조 14년(1363년)에 청나라가 침략해오자 왕은 이곳으로 피신하여 항전하였으나, 왕자들이 피신해 있던 강화도가 함락되고 패색이 짙어지자 세자와 함께 성문을 열고 삼전도에 나가 치욕적인 항복을 한 곳이다. 많은 등산로가 있어 취향대로 선택의 폭이 많은 산이다.

남한산성(南漢山城) 금암산 코스

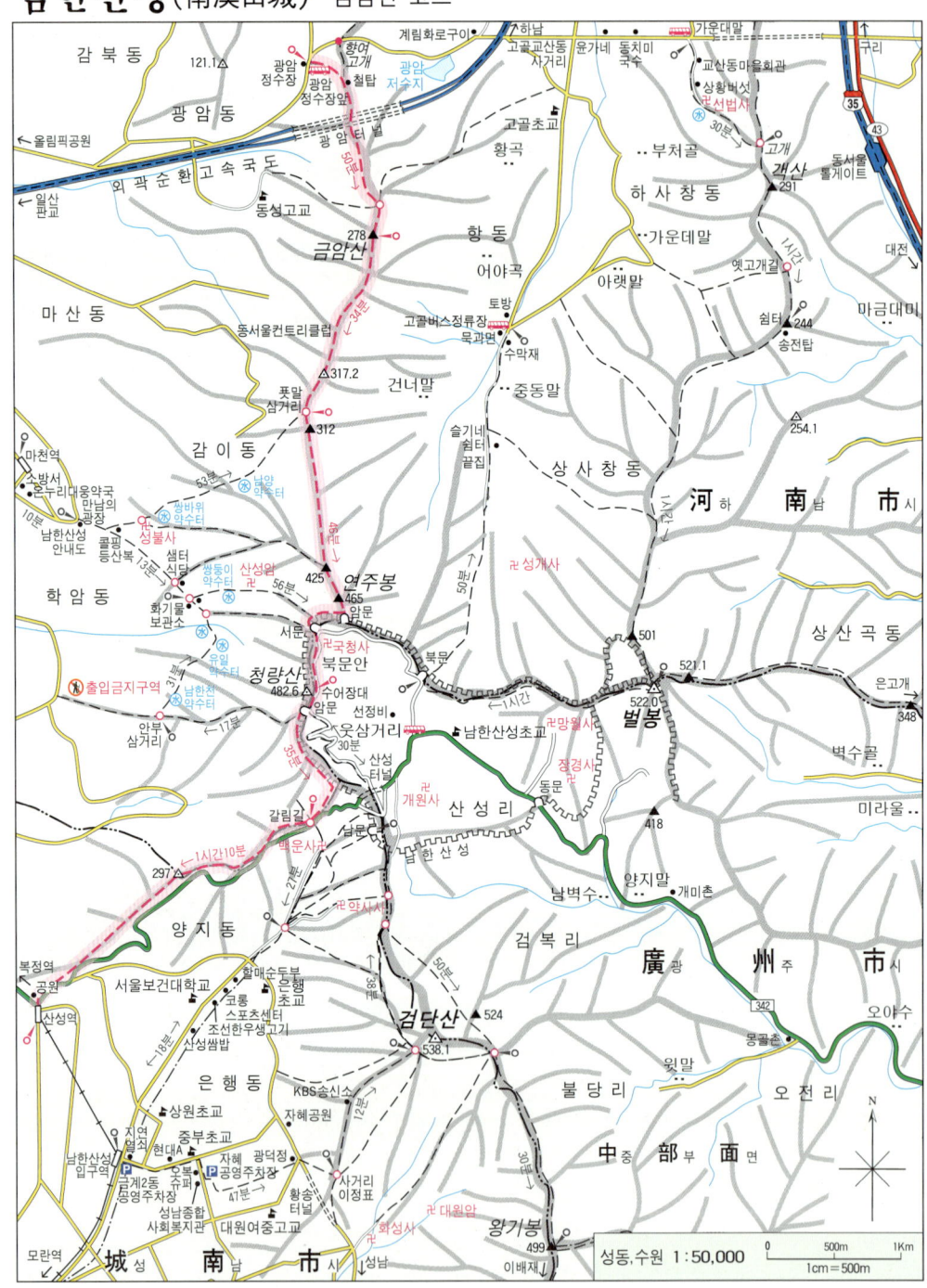

남한산성 금암산 코스

광암정수장앞-금암산-서문-수어장대-8호선 산성역 총 4시간 55분 소요

광암정수장 앞→ 50분→ 금암산→ 34분→ 표말삼거리→ 46분→ 수어장대→ 35분→ 남문 입구도로→ 70분→ 산성역

하남시 광암동 광암정수장 건너편 버스정류장에서 금암산 남한산성으로 오르는 등산 이정표가 있다. 이정표에서 오른쪽 등산로를 따라 6분을 오르면 철탑이 있는 능선 삼거리다. 오른쪽으로 간다. 금암산 코스는 나지막한 능선으로 완만하게 이어져 누구나 무난하게 오를 수 있다. 삼거리에서 오른쪽 완만한 능선을 따라 44분 거리에 이르면 금암산에 닿는다.

금암산에서 남쪽으로 이어지는 능선을 따라 34분을 거리에 이르면 표말삼거리가 나온다.

표말삼거리에서 왼편 직진 능선길을 따라 30분을 오르면 성벽에 닿는다. 여기서부터 성벽 외곽길을 따라 4분 거리에 이르면 데크가 나온다. 데크에서 바라보면 잠실 일대가 조망된다. 데크에서 1분 거리에 이르면 서문에 닿는다.

서문을 통과 오른쪽 성내길을 따라 11분 거리에 이르면 수어장대에 닿는다.

수어장대에서 남문 쪽으로 100m 내려서면 암문이 나온다. 암문을 통과 후, 성벽 외곽길을 따라 21분을 가면 남문 방면으로는 철조망이 있는 갈림길이 나온다. 갈림길에서 오른쪽으로 12분을 내려가면 갈림길이 나오는데 왼쪽으로 50m 가면 도로가 나온다. 도로 오른편 50m에서 다시 등산로를 따라 28분을 내려가면 산성역 2.2km 남문 1.5km 이정표가 나온다. 여기서 계속 도로 오른편 등산로를 따라 내려가면 무난하게 하산길이 이어지면서 42분을 내려가면 공원을 지나서 8호선 산성역에 닿는다.

남한산성 서문.

●교통
2호선, 8호선 잠실역 8번 출구에서 하남시청행 (30-5번)버스. 5호선 둔촌동역 4번 출구에서 하남시정 방면 80번, 1번 버스 이용, 광암정수장 앞 하차.

■식당
왕손짜장 :
하남시 광암동 205-3.
02-484-9033

순대국집(한식) :
성남시 수정구 산성동 868.
031-735-3886

남한산성(南漢山城) 마천역 코스

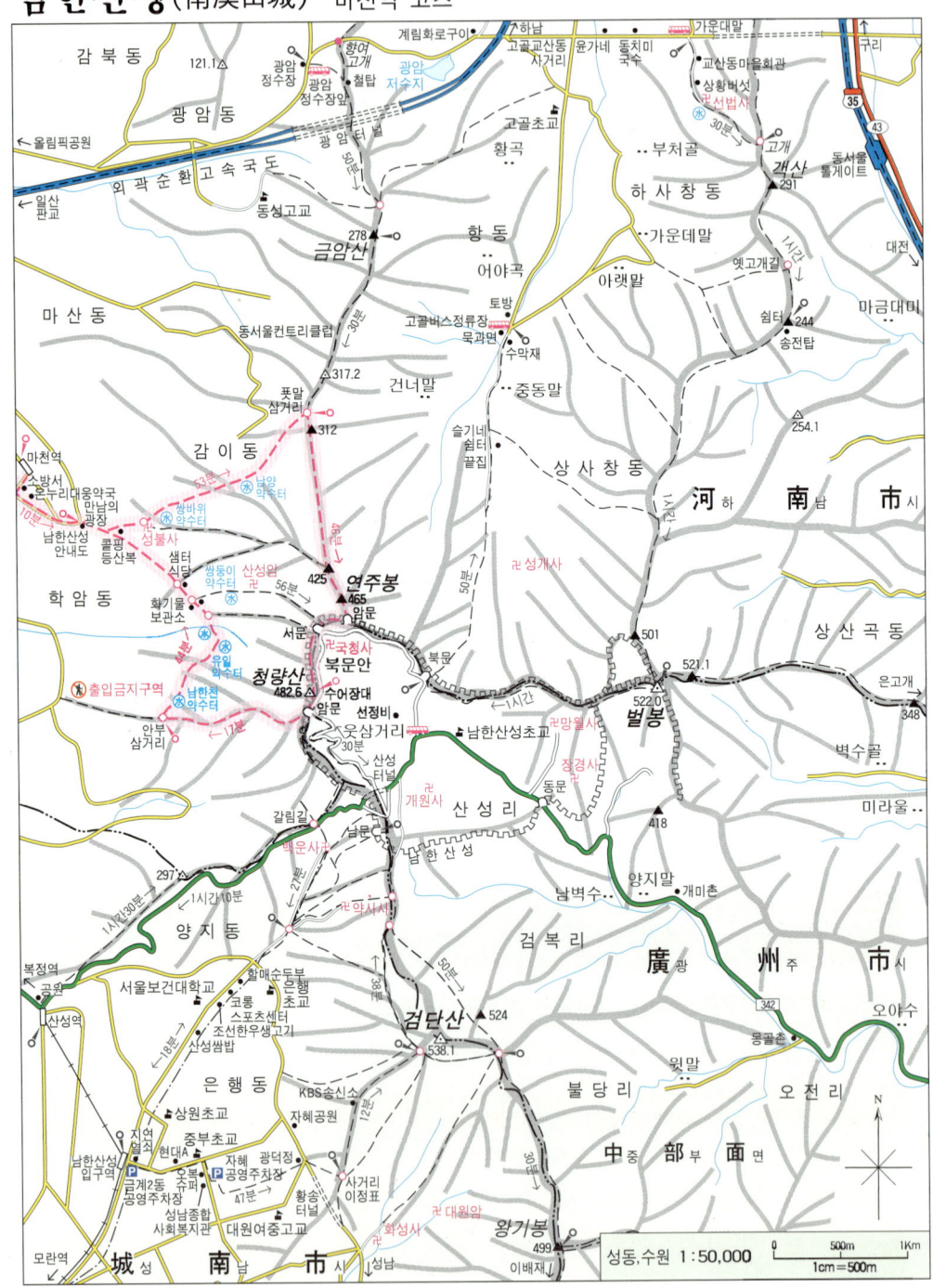

남한산성 마천역 코스

5호선 마천역-표말삼거리-수어장대-남한천약수터-5호선 마천역   총 4시간 소요

마천역→ 10분→ 만남의장소→ 53분→ 표말삼거리→ 46분→
수어장대→ 17분→ 안부삼거리→ 44분→ 만남의광장→ 10분→ 마천역

5호선 마천역 1번 출구로 나와 서쪽으로 50m 거리 119 거여소방대에서 좌회전 도로를 따라 10분 거리에 이르면 만남의장소이다.

만남의장소에서 상가골목으로 3분을 가면 콜핑등산복 갈림길이 나오고, 여기서 왼쪽으로 10분을 가면 성불사를 지나서 갈림길이 나온다. 갈림길에서 왼쪽으로 가면 표말삼거리까지 비탈길로 이어진다. 쌍바위약수터, 남양약수터, 연못, 묵밭을 경유하면서 40분 거리에 이르면 주능선 표말삼거리에 닿는다.

표말삼거리에서 오른쪽 능선을 따라 30분을 오르면 성벽에 닿고, 성벽 외곽길을 따라 5분 거리에 이르면 데크를 지나서 서문에 닿는다. 서문을 통과 오른쪽 성내 길을 따라 11분을 가면 수어장대에 닿는다.

수어장대에서 100m 내려가면 암문이 나온다. 암문을 통과 바로 이정표 사거리에서 직진 남한천약수터 방면 하산길을 따라 16분을 내려가면 안부 삼거리가 나온다.

삼거리에서 오른쪽으로 4분을 가면 남한천약수터가 나오고 바로 갈림길이 나온다. 갈림길에서 왼쪽으로 7분을 가면 희미한 사거리가 나온다. 여기서 직진 8분을 내려가면 울타리 갈림길이 나온다. 갈림길에서 오른쪽으로 100m 거리에 일장천약수터이다. 약수터에서 비탈길을 따라 6분을 내려가면 철조망삼거리가 나온다. 여기서 직진 6분을 내려가면 화기물보관소이며 13분 더 내려가면 만남의광장이다.

전쟁 시 비밀통로인 남한산성 6암문.

●교통
5호선 마천역 하차.

■식당
산사모(일반식) :
마천역 등산로 입구.
02-400-0442

산사랑(일반식) :
마천역 등산로 입구.
02-404-9354

남한산성(南漢山城) 벌봉 코스

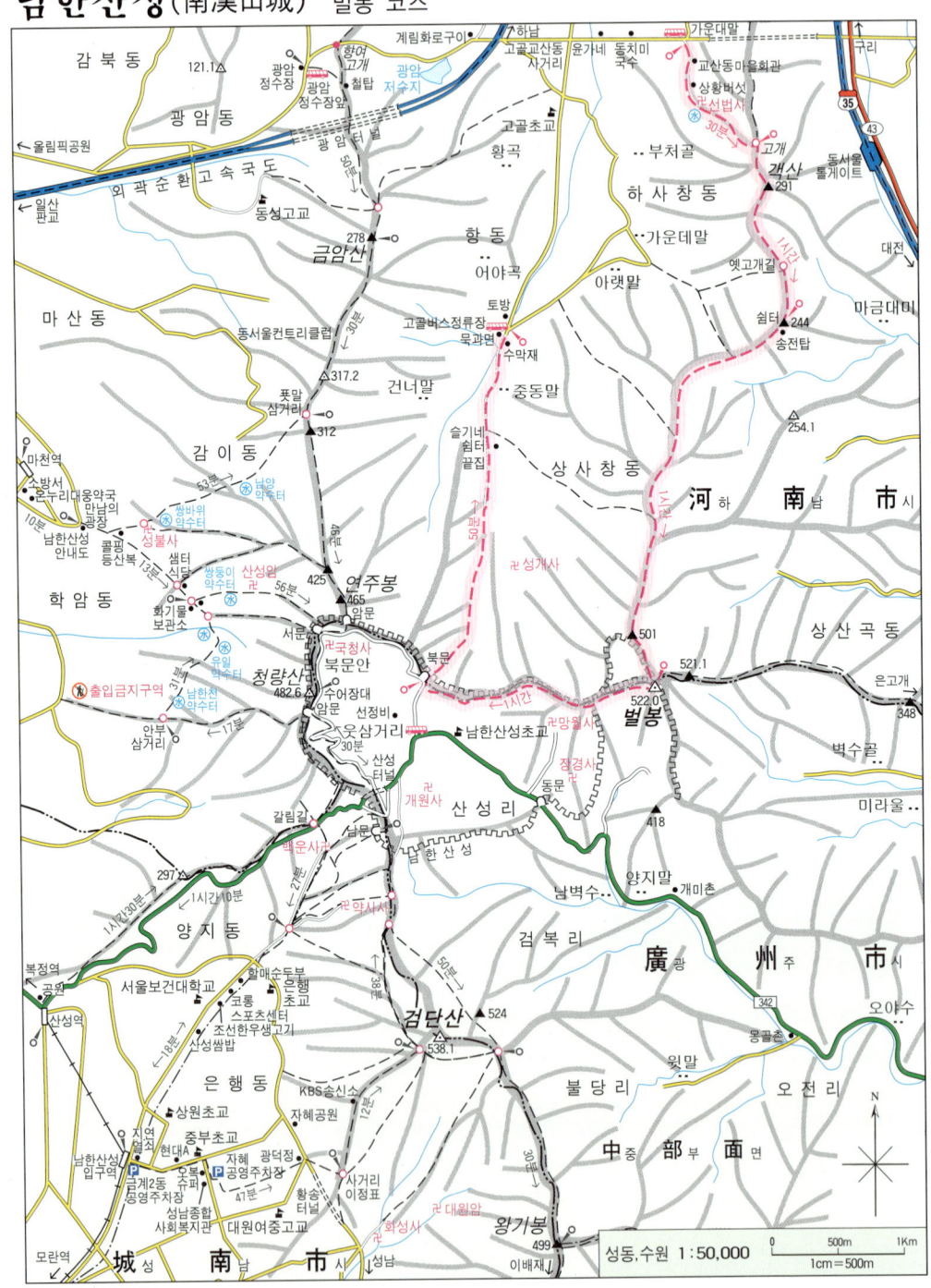

남한산성 벌봉 코스

선법사-벌봉-북문-고골 종점 총 5시간 20분 소요

교산동 마을회관→ 30분→ 고개삼거리 → 60분→ 송전탑→ 60분→
벌봉→ 60분→ 북문→ 50분→ 고골 종점

하남시 하사창동 샘재 입구 사거리에서 동쪽으로 다리를 건너면 왼쪽에 보리밥촌이 있고, 200m 더 가면 오른쪽에 가운데말 버스정류장이 있다. 버스정류장에서 오른편 마을길을 따라 가면 교산동 마을회관이다.

마을회관을 지나 15분을 가면 상황버섯 재배지를 통과하여 계곡길 끝 지점에 주차장을 지나 선법사(약수터)이다. 선법사 앞 계곡길을 따라서 15분을 오르면 고개삼거리에 닿는다.

고개 삼거리에서 오른편 남릉을 따라 15분을 오르면 객산에 닿고, 객산에서 사거리를 두 번 지나서 45분을 가면 송전탑 삼거리가 나온다.

송전탑 삼거리에서 계속 남릉을 따라 삼거리를 두 번 지나면서 능선만을 따라 1시간을 오르면 벌봉에 닿는다.

벌봉에서 하산은 오른편 동쪽 길을 따라가면 521.1봉을 경유하여 다시 서쪽 방면으로 가게 되면서 갈림길이 나온다. 갈림길에서 오른쪽 성곽길을 따라 가면 북문에 닿는다. 벌봉에서 1시간 거리다.

여기서 북문을 빠져나와 북쪽 방면으로 내려서면 갈림길이 나오는데 어느 길로 내려가도 고골로 가게 되며 50분을 내려가면 고골 버스 종점에 닿는다.

* 북문에서 계속 서쪽 성곽을 따라 가면 암문, 서문, 수어장대, 남문으로 이어진다. 남문을 통과하여 왼편 계곡길을 따라 내려가면 남한산성유원지 남한산성입구역으로 이어진다.

남한산성 성벽.

●교통
2호선, 8호선 잠실역에서 하남시청행 30-5번 버스 이용, 교산동 서부농협 하차.

■식당
산내음(곤드레밥전문) : 하남시 상사창동 338. 031-793-0440

윤가네(오리) : 하남시 교산동 236-1. 031-793-0172

물과면(도토리) : 하남시 항동 490-1. 031-793-5291

남한산성(南漢山城) 남한산성입구역 코스

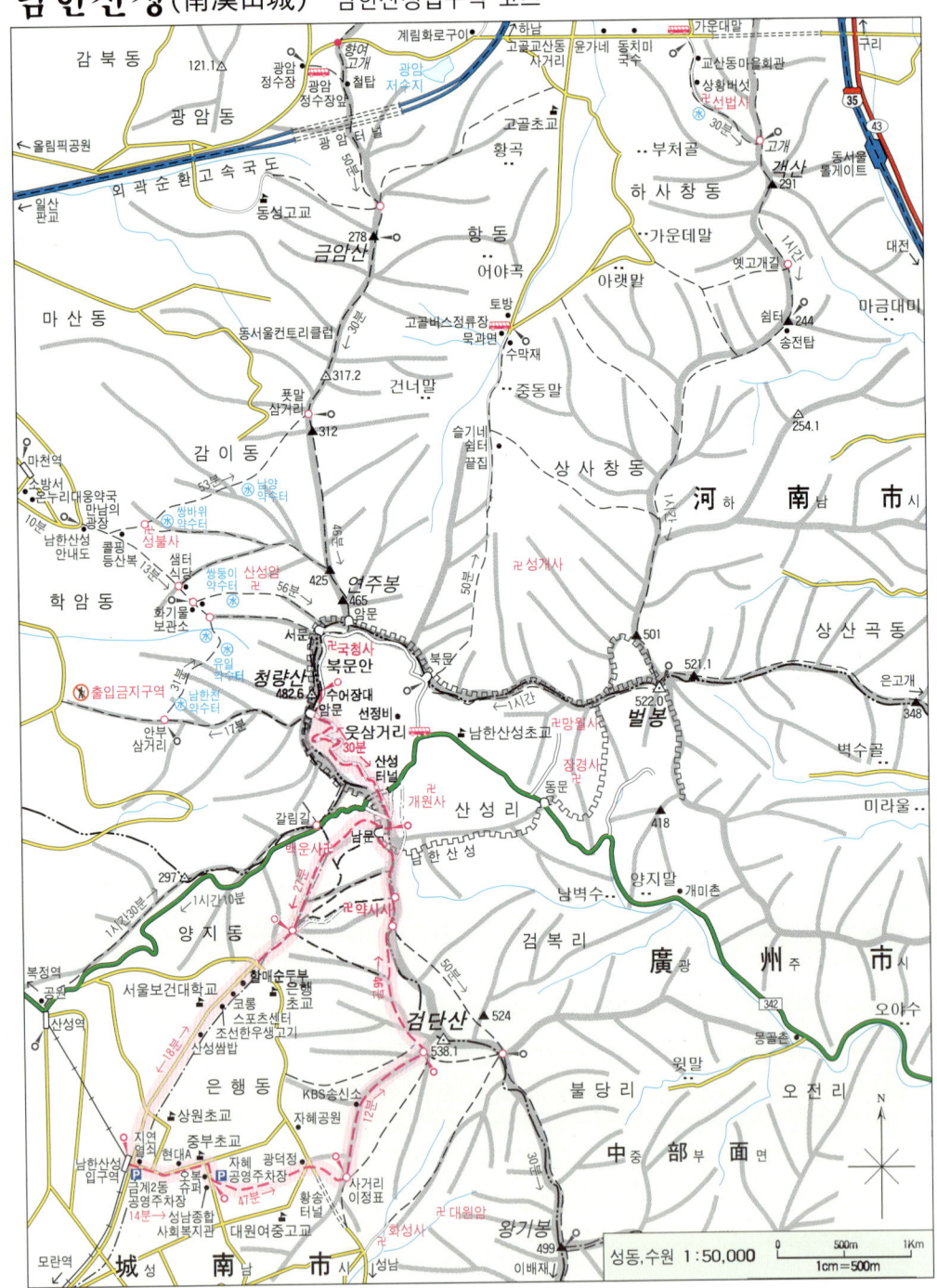

남한산성 남한산성입구역 코스

8호선 남한산성입구역-능선삼거리-남문-수어장대-남한산성입구역 총 4시간 44분 소요

남한산성입구역 → 14분 → 사회복지관 → 47분 → 지능선 사거리 → 58분 → 남문 → 30분 → 수어장대 → 30분 → 남문 → 27분 → 산성유원지 입구 버스정류장 → 18분 → 남한산성입구역

8호선 남한산성입구역 2번 출구에서 직진 100m 거리 금계2동 공영주차장에서 좌회전 12분 거리 중부초교에서 우회전 2분 거리에 이르면 성남종합사회복지관이 나온다.

사회복지관에서 길 건너 왼쪽 골목길을 따라 2분 거리에 이르면 자혜공영주차장이 있고 바로 오른쪽으로 계단길 등산로가 나온다. 이 계단길을 따라 15분 거리에 이르면 광덕정이 나온다. 광덕정을 지나 3분을 가면 육교를 건너 공원 삼거리가 나온다. 삼거리에서 오른쪽으로 가면 갈림길이 나오는데 오른쪽으로 간다. 오른쪽 능선을 따라 27분을 가면 지능선 사거리가 나온다.

지능선 사거리에서 왼쪽 능선을 따라 6분을 올라가면 KBS송신소가 나온다. 송신소를 지나서 계속 6분을 가면 검단산 입구 갈림길이 나온다. 갈림길에서 왼쪽 비탈길을 따라 30분 정도 가면 임도 갈림길이 나온다. 임도 갈림길에서 왼쪽 등산로만을 따라 11분을 가면 정자를 지나고 5분 거리에 이르면 남문에 닿는다.

남문을 통과 성벽 내 오른편 넓은 길을 따라 30분 거리에 이르면 수어장대이고, 하산은 다시 성벽 내길을 따라 30분을 내려오면 남문이다.

남문을 통과하면 갈림길이 나온다. 갈림길에서 오른쪽 계곡길을 따라 27분을 내려가면 남한산성유원지 입구 버스정류장에 닿는다.

여기서 도로 왼편 인도를 따라가면 코롱스포츠센터를 경유하여 18분 거리에 이르면 남한산성입구역이다.

남한산성 남문.

● **교통**
8호선 남한산성입구역 하차.

■ **식당**
할매손두부 : 성남시 중원구 은행2동 591. 031-743-7556

조선한우생고기 : 성남시 중원구 성남동 4168. 031-747-3011

산성쌈밥 : 성남시 중원군 은행동 978. 031-733-6054

무봉리순대국 : 성남시 중원구 은행2동 667. 031-744-3948

검단산(黔丹山) 659.8m

검단산 경기도 하남시

하남시 산곡초교-검단산-애니메이션고교 총 3시간 40분 소요

산곡초교→ 40분→ 갈림길→ 40분→ 검단산→ 50분→

큰고개→ 30분→ 애니메이션고교

    검단산(黔丹山 659.8m)은 경기도 하남시 서쪽에 위치한 산이다. 순수한 육산이며 정상에서 바라보면 동북쪽으로 팔당호가 바로 아래로 내려다보이고, 서쪽으로는 하남시가 속속들이 내려다보인다. 등산로도 무난한 편이며 산행은 산곡초교에서 정상에 오른 뒤, 팔당대교 방면 애니메이션고교로 하산한다.

    산행은 하산곡동 산곡초교 입구 버스정류장에서 동쪽 소형차로를 따라 100m 가면 산곡초교 정문을 지나고 200m 더 가면 산불초소를 지나 소형차로 끝이 나온다. 여기서부터 등산로를 따라 올라가면 계곡을 벗어나면서 갈림길이 나온다. 버스정류장에서 40분 거리다.

    갈림길에서 왼쪽 길을 따라 조금 올라서면 샘이 있고, 이어서 육모정 능선에 서게 된다. 능선에서 왼쪽 비탈길로 들어서면 백곰샘이 있고, 능선을 지나서 주능선 삼거리가 나온다. 삼거리에서 북쪽 주능선을 따라 계속가면 다시 삼거리가 나오고, 조금 가면 검단산 정상이다. 갈림길에서 40분 거리다.

    하산은 북쪽 주능선을 타고 20분 내려서면 전망바위가 나오고, 바로 왼쪽 호국사로 내려가는 삼거리가 나온다. 여기서 계속 직진하여 30분을 내려가면 큰 고개 십자로가 나온다.

    여기서 왼쪽으로 가면 애니메이션고교 방면이다. 직진하면 팔당대교 방면이다. 왼쪽 넓은 길을 따라서 30분을 내려가면 애니메이션고교 검단산 등산로 입구에 닿는다.

팔당댐에서 바라본 검단산 전경.

● **교통**
2호선 강변역 동편에서 112번, 13번, 12-1번, 15-3번.
2호선 잠실역 8번출구에서 30-5번, 13-2번, 15-3번, 112번 버스 이용, 산곡초교 입구 하차.

■ **식당**
조선곰탕 : 하남시 창우동 307-2. 031-796-2570

밀향기(칼국수전문) : 하남시 창우동 305-5. 031-794-8155

산골별장오리 : 하남시 상산곡동 13-8. 031-794-1133

용마산(龍馬山) 595.4m

용마산 경기도 하남시, 광주시

하남시 산곡휴게소-용마산-고추봉-동수말 112번종점 총 3시간 32분 소요

산곡휴게소→ 30분→ 안부→ 40분→ 용마산→ 40분→
고추봉→ 42분→ 동수말

용마산(龍馬山 595.4m)은 하남시 검단산에서 남쪽 주능선으로 이어져 약 4km 거리에 위치한 산이다. 산행은 하산곡동에서 정상, 고추봉을 경유하여 서쪽능선을 타고 112번 버스종점으로 하산한다. 고추봉에서 계속 북쪽 능선을 타고 북쪽 검단산까지 종주산행도 가능하다.

산행은 상산곡동 산곡휴게소(매점)에서 도로를 건너 동쪽 검은 다리(마을길)를 따라가면 중부고속도로 교각 밑 삼거리가 나온다. 삼거리에서 왼쪽 고물상을 끼고 100m 가면 산불초소가 있고, 양편에 차단기가 있는 소형차로가 나온다. 여기서 오른쪽 차단기를 통과하여 올라가면 방림농원 팻말을 지나 빈집 두 채가 나온다. 빈집에서 오른쪽으로 8분 거리 삼거리에서 오른쪽으로 6분을 가면 안부사거리가 나온다. 산곡휴게소에서 30분 거리다.

사거리에서 왼쪽으로 간다. 왼쪽 비탈길을 따라 13분을 가면 안부에 닿고, 27분을 더 올라가면 용마산 정상이다.

하산은 왼쪽 주능선을 따라 17분을 내려가면 안부 갈림길이 나온다. 계속 주능선을 따라 7분을 가면 또 안부갈림길이 나온다. 여기서도 계속 주능선을 타고 16분을 오르면 삼각점이 있는 고추봉 삼거리에 닿는다. 여기서 검단산까지 1시간 거리다.

고추봉에서 왼편 지능선을 따라 30분을 내려가면 묘를 지나 송전탑을 통과하고 12분을 더 내려가면 112번 버스 종점에 닿는다.

용마산 서쪽 고추봉.

● 교통
2호선 강변역 동편에서 13번 버스 이용 섬말 입구 안가 하차.

■ 식당
조선곰탕 : 하남시 창우동 307 2. 031-796-2570

밀향기(칼국수전문) : 하남시 창우동 305-5. 031-794-8155

산골별장오리 : 하남시 상산곡동 13-8. 031-794-1133

강가생고기 : 하남시 상산곡동 282-7. 031-793-5905

예봉산(禮峰山) 683.2m

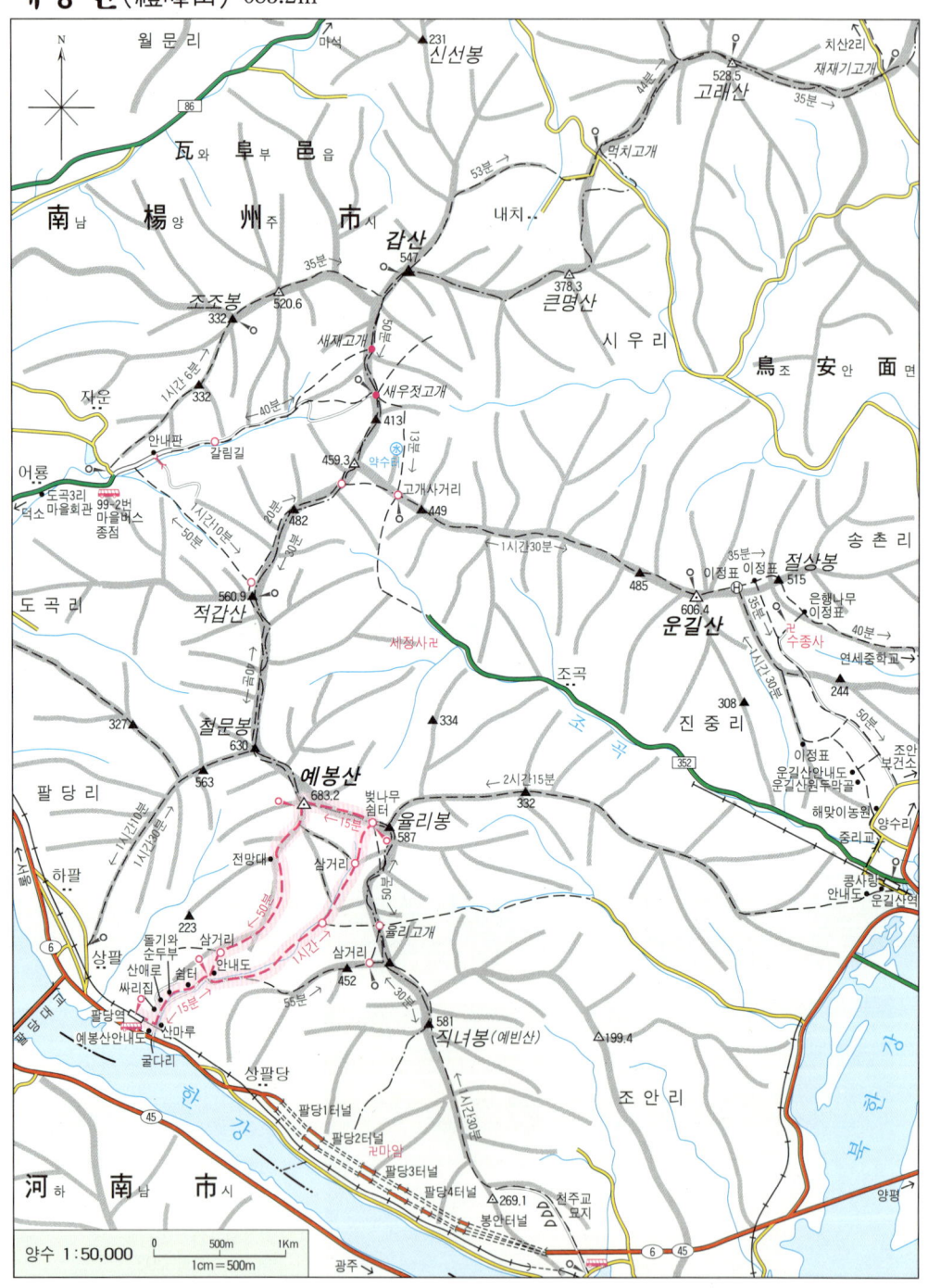

예봉산 경기도 남양주시 와부읍

중앙선 팔당역-계곡길-예봉산-능선길-중앙선 팔당역   총 3시간 35분 소요

팔당역→ 15분→ 삼거리→ 60분→ 벚나무쉼터→ 15분→
예봉산→ 50분→ 삼거리→ 15분→ 팔당역

　예봉산(禮峰山 683.2m)은 팔당대교 북쪽에 위치한 순수한 육산이다. 정상에 서면 남쪽으로 팔당호와 한강이 가까이 내려다보인다.

　산행은 팔당역에서 오르고, 다시 팔당역으로 하산한다. 장거리산행은 예봉산에서 북릉을 타고 운길산까지 종주산행도 있다. 교통편은 중앙선 팔당역 운길산역을 이용한다.

　산행은 중앙선 팔당역에서 동쪽으로 4분을 가면 예봉산 안내도가 있고 왼편에 중앙선 철도 굴다리가 나온다. 여기서 굴다리를 통과하여 100m 정도 가면 갈림길이 나온다. 갈림길에서 오른쪽 소형차로를 따라 10분 거리에 이르면 등산로 삼거리가 나온다.

　삼거리에서 왼쪽은 능선길 오른쪽은 계곡길이다. 왼쪽은 하산 길로 하고, 오른쪽으로 조금 오르면 사슴목장 갈림길이 나온다. 갈림길에서 사슴목장 왼편으로 난 계곡길을 따라 45분을 오르면 삼거리가 나온다. 삼거리에서 오른쪽 벚나무쉼터 이정표를 따라 15분을 더 오르면 주능선 벚나무쉼터 삼거리가 나온다.

　주능선에서 왼쪽 능선으로 15분을 오르면 예봉산 정상에 닿는다. 정상에서 바라보면 팔당대교와 하남시 일대가 시원하게 내려다보인다.

　하산은 남쪽 팔당역 방면 주능선을 탄다. 하산 길은 급경사로 이어지며 전망대를 통과 하면서 40분을 내려가면 안부 삼거리가 나온다. 여기서 왼쪽으로 10분 내려가면 올라왔던 삼거리에 닿고, 소형차로를 따라 15분 내려가면 팔당역이다.

거대한 팔당댐.

● 교통
중앙선 전철 이용, 팔당역 하차.

■ 식당
싸리나무집(부치기) : 와부읍 팔당 2리 317.   031-576-1183

산애로(닭, 파전) : 와부읍 팔당 2리 300-8.   031-576-1860

양지마을(닭) : 와부읍 팔당 2리 30.   031-576-9196

돌기와순두부 : 와부읍 팔당 2리 134-1.   031-576-1217

갑산(甲山) 547m

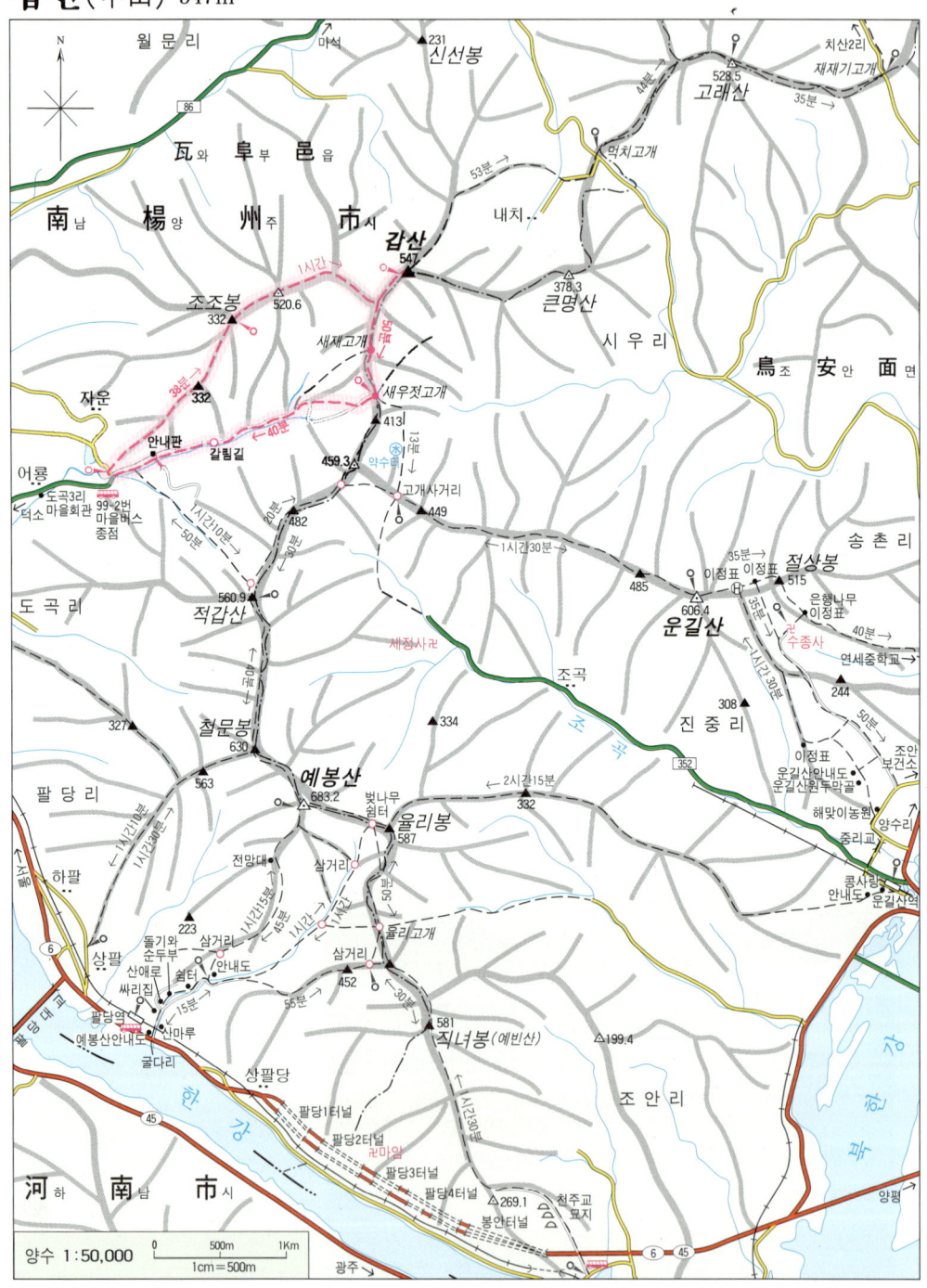

갑산
경기도 남양주시 와부읍

중앙선 덕소역 – 99-2번 종점 – 조조봉 – 갑산 – 새우젓고개 – 99-2번 종점 총 4시간 8분 소요

99-2번 종점→ 38분→ 조조봉→ 60분→ 갑산→ 50분→ 새우젓고개→ 40분→ 99-2번 종점

갑산(甲山 547m)은 와부읍 도곡리 북쪽에 위치한 산이다. 예봉산에서 북쪽 주 능으로 이어져 약 6km 거리에 있고, 유명한 예봉산 운길산으로 등산객이 몰려 호젓하게 산행을 즐길 수 있는 산이다.

등산로는 도곡리에서 시작하여 새재고개를 경유하여 다시 도곡리로 원점회귀 산행이다. 장거리 산행으로는 예봉산 또는 운길산까지 종주하여 팔당역 혹은 운길산역으로 하산한다.

산행은 중앙선 덕소역에서 자운동행 99-2번 마을버스를 타고 자운동 종점 하차, 종점 삼거리에서 왼편 지능선으로 오른다. 버스 종점에서 바로 지능선 솔밭길을 따라 30분을 올라가면 송전탑이 나온다. 송전탑에서 동쪽 능선을 따라 15분을 올라가면 조조봉 삼거리가 나온다.

조조봉에서 계속 직진 주능선을 따라 가면 안부로 내렷다가 다시 오르면서 1시간 거리에 이르면 삼거리가 나온다. 삼거리에서 왼쪽으로 조금 가면 갑산 정상이다. 정상은 안테나가 있을 뿐 무의미하다.

하산은 삼거리로 되돌아온 다음, 남쪽 능선을 따라 15분을 내려가면 고개삼거리가 나온다. 고개 삼거리에서 왼쪽 능선으로 가면 459봉에 닿고, 계속 남쪽 능선을 따라 내려가면 5거리 새우젓고개에 닿는다. 갑산에서 50분 거리다.

새우젓고개에서 오른쪽으로 12분을 내려가면 삼거리가 나온다. 삼거리에서부터는 소형차로를 따라 28분을 내려가면 99-2번 등산기점이다.

●교통
중앙선 전철 이용, 덕소역 하차. 덕소역에서 매시 10분 40분에 출발하는 99-2번 도곡리행 마을버스 이용 자운동 종점 하차.

■식당
봉평산골막국수 : 와부읍 도곡리 600-9. 031-521-1517

명가막국수 : 와부읍 도곡리 602-6. 031-576-4608

산과들가든(오리) : 와부읍 도곡리 594-2. 031-577-9123

갑산 서쪽에 위치한 비봉.

운길산 (雲吉山) 606.4m

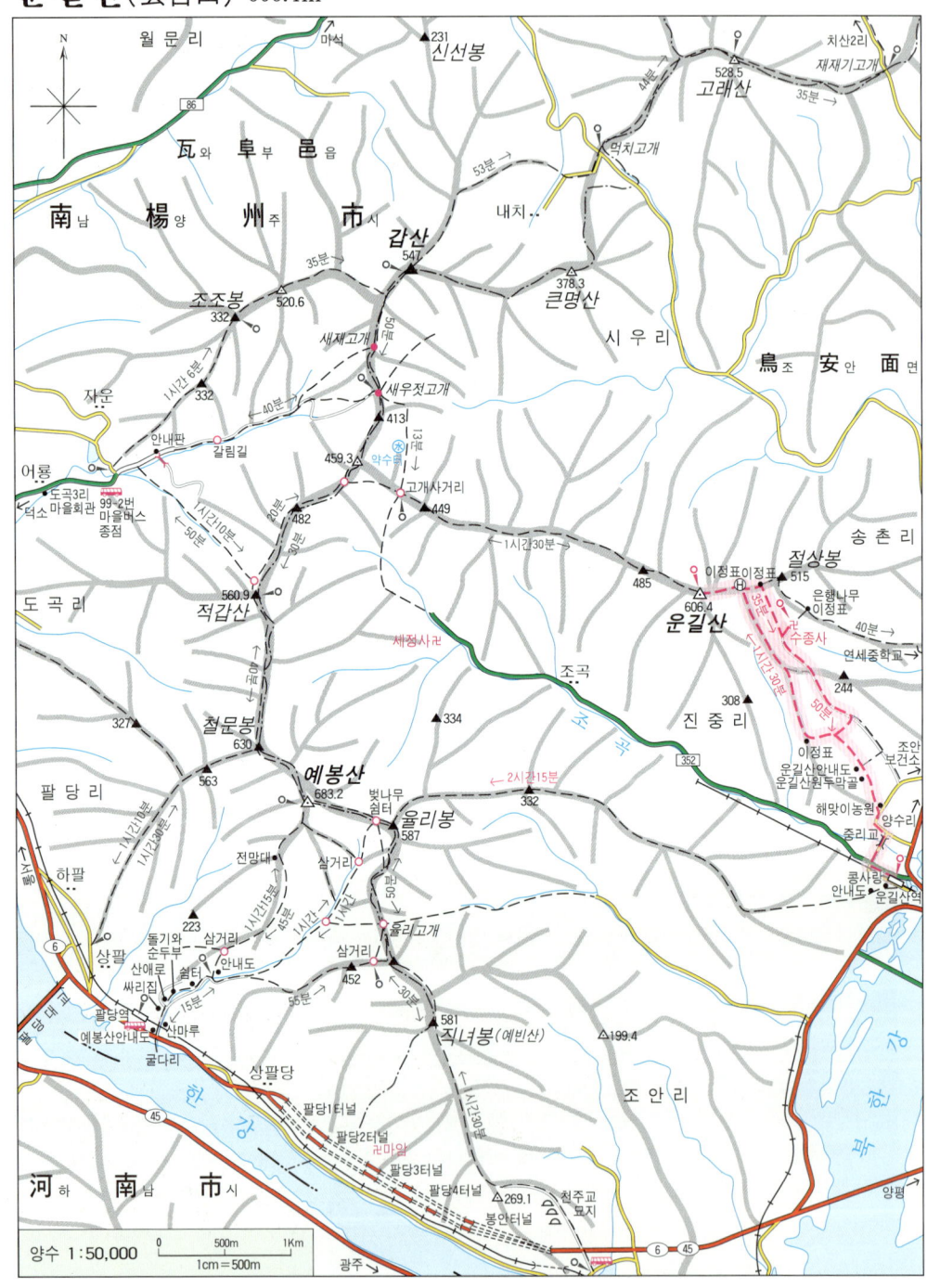

운길산 경기도 남양주시 와부읍

중앙선 운길산역-운길산-능선길-수종사-중앙선 운길산역 총 3시간 55분 소요

운길산역→ 90분→ 운길산→ 35분→ 수종사→ 50분→ 운길산역

운길산(雲吉山 606.4m)은 팔당호 북서쪽에 위치한 산이다. 양수리 방면에서 바라보면 삿갓처럼 뾰족하게 보이고 산 중턱에 수정사가 자리하고 있다. 산세는 수수한 육산이나 다소 가파른 편이다. 등산로는 운길산역에서 시작하여 정상에 오른 뒤, 수정사를 경유하여 다시 운길산역으로 하산한다. 장거리 산행으로는 정상에서 서쪽 능선을 타고 새재고개를 경유하여 예봉산까지 종주산행이다.

중앙선 전동열차편 운길산역이 있어 교통편이 매우 좋은 산이다.

산행은 중앙선 운길산역 앞에서 서쪽으로 2분을 가서 철다리 밑을 통과하여 1분 거리 진중교를 건너 왼쪽으로 3분을 가면 해맞이농원이다. 농원 왼쪽으로 8분을 가면 안내도 갈림길이 나온다. 여기서 왼쪽 골을 따라 22분을 가면 왼쪽 능선에 올라선다. 여기서부터 능선길로 이어져 40분을 오르면 갈림길이 나온다. 갈림길에서 왼쪽 헬기장을 지나 15분을 오르면 운길산 정상에 닿는다. 정상은 데크가 있으나 협소하며 숲에 가려 주변 전망이 없는 편이다.

하산은 올라왔던 15분 거리 헬기장 삼거리로 되돌아온 다음, 동쪽 왼편 능선으로 8분을 내려가면 갈림길이 나온다. 갈림길에서 오른쪽으로 12분 내려가면 수종사에 닿는다.

수종사에서 소형차로를 따라 내려가다가 오른편 운길산역 이정표를 따라 50분을 내려가면 운길산역이다.

● 교통
중앙선 전철 이용 운길산역 하차.

■ 식당
운길산콩마을 : 조안면 진중리 261-4. 031-576-7687

청우수산(매운탕) : 조안면 진중1리. 031-576-8647

동치미국수 : 조안면 송촌 1리 754-2. 031-576-4070

한강어부(민물장어) : 조안면 진중리. 031-577-5667

표지석이 세워진 협소한 운길산 정상.

대모산(大母山) 291.6m 구룡산(九龍山) 284.1m

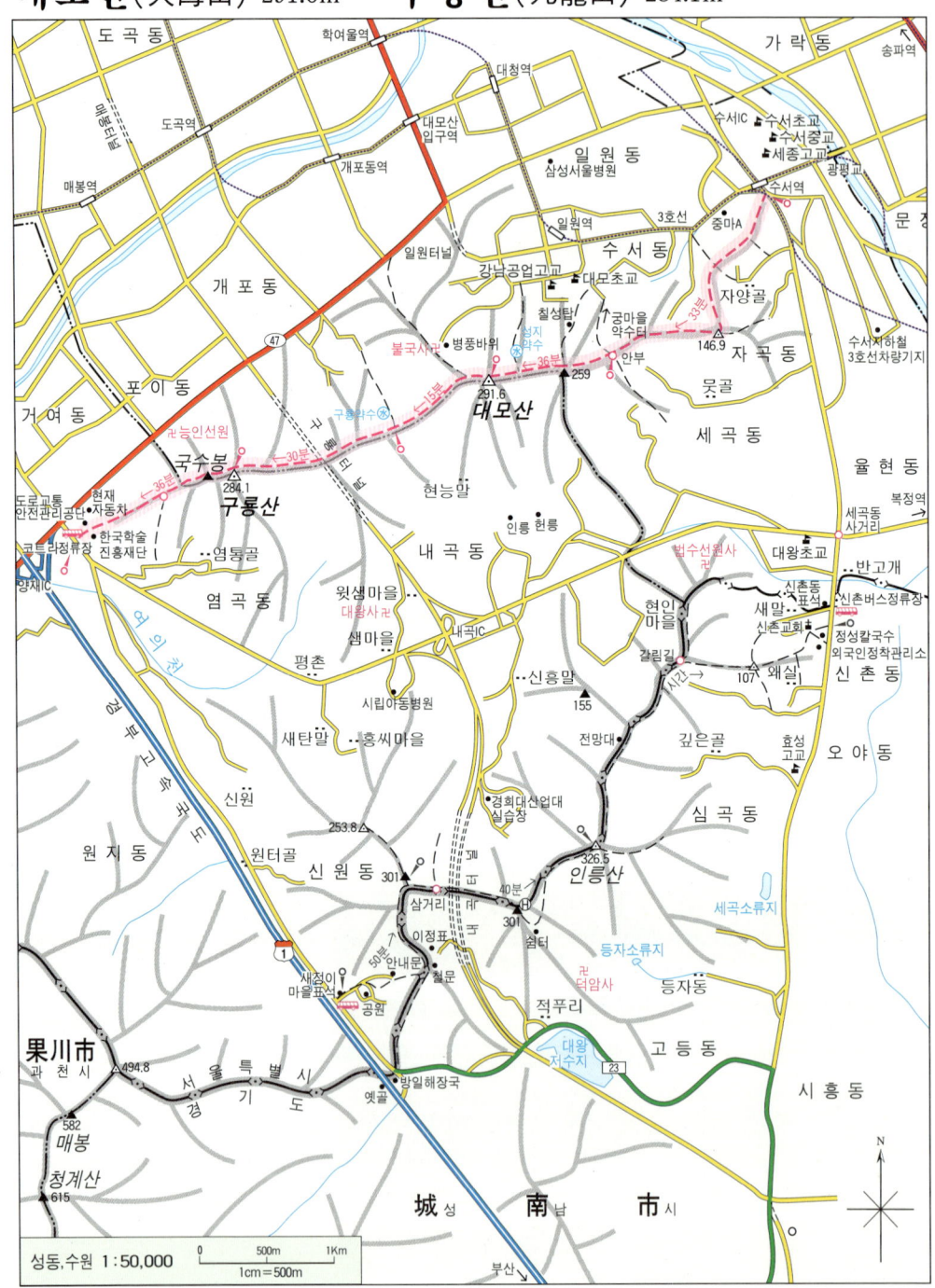

대모산·구룡산 서울특별시 강남구 수서동, 개포동

3호선 수서역-대모산-구룡산-코트라 총 3시간 30분 소요

수서역 6번 출구→ 33분→ 약수터 갈림길→ 36분→ 대모산→ 15분→ 구룡약수터 갈림길→ 30분→ 구룡산→ 36분→ 코트라

대모산(大母山 291.6m) 구룡산(九龍山 284.1m)은 강남구 개포동, 수서동 남쪽에 위치한 공원 같은 산이다.

산행은 수서역에서~대모산~구룡산~코트라까지 주능선으로 종주 코스가 있고, 주능선에서 수서동, 개포동 방면으로 등산로가 많으므로 취향에 따라 산행코스를 잡으면 된다. 수서역 주변에 음식점이 다양하므로 양재동 코트라에서 산행을 시작하여 수서역으로 하산하면 좋다.

산행은 3호선 수서역 6번 출구에서 바로 산행을 시작한다. 뚜렷한 등산로를 따라 오르면 평지와 같은 산길로 이어져 33분 거리에 이르면 갈림길을 3번 지나서 약수터 갈림길이 나온다.

갈림길에서 직진 20분을 오르면 공터 봉우리에 닿고, 10분을 내려가면 성지약수터 갈림길이다. 갈림길에서 직진 6분을 오르면 대모산 정상에 닿는다.

대모산에서 직진 5분 거리에 이르면 헬기장을 지나서 갈림길이 나온다. 갈림길에서(오른쪽은 대치동) 왼쪽으로 10분을 내려가면 구룡약수터 갈림길이 나온다.

갈림길에서(오른쪽은 구룡약수터, 개포동) 직진, 능선으로 30분을 오르면 구룡산 정상이다.

하산은 계속 서쪽 주능선을 타고 7분을 내려가면 국수봉에 닿고, 국수봉에서 18분을 내려가면 내곡동, 학술진흥원 갈림길이 나온다. 갈림길에서 오른쪽으로 9분을 내려가면 코트라 후문을 통과하고, 2분 거리에 코트라 버스정류장이다.

대모산 서울둘레길 중간에 위치한 칠성탑.

●**교통**
3호선 수서역 하차. 하산지점에서는 코트라~양재역 8442번, 8441번 버스 이용.

■**식당**
청국장과 보리밥 : 강남구 수서동 450-8. 02-3414-3313

예소담(곤드레밥) : 강남구 수서동 451-13. 02-2226-5292

가원(오리전문) : 강남구 수서동 461-37. 02-451-2355

우면산(牛眠山) 313m

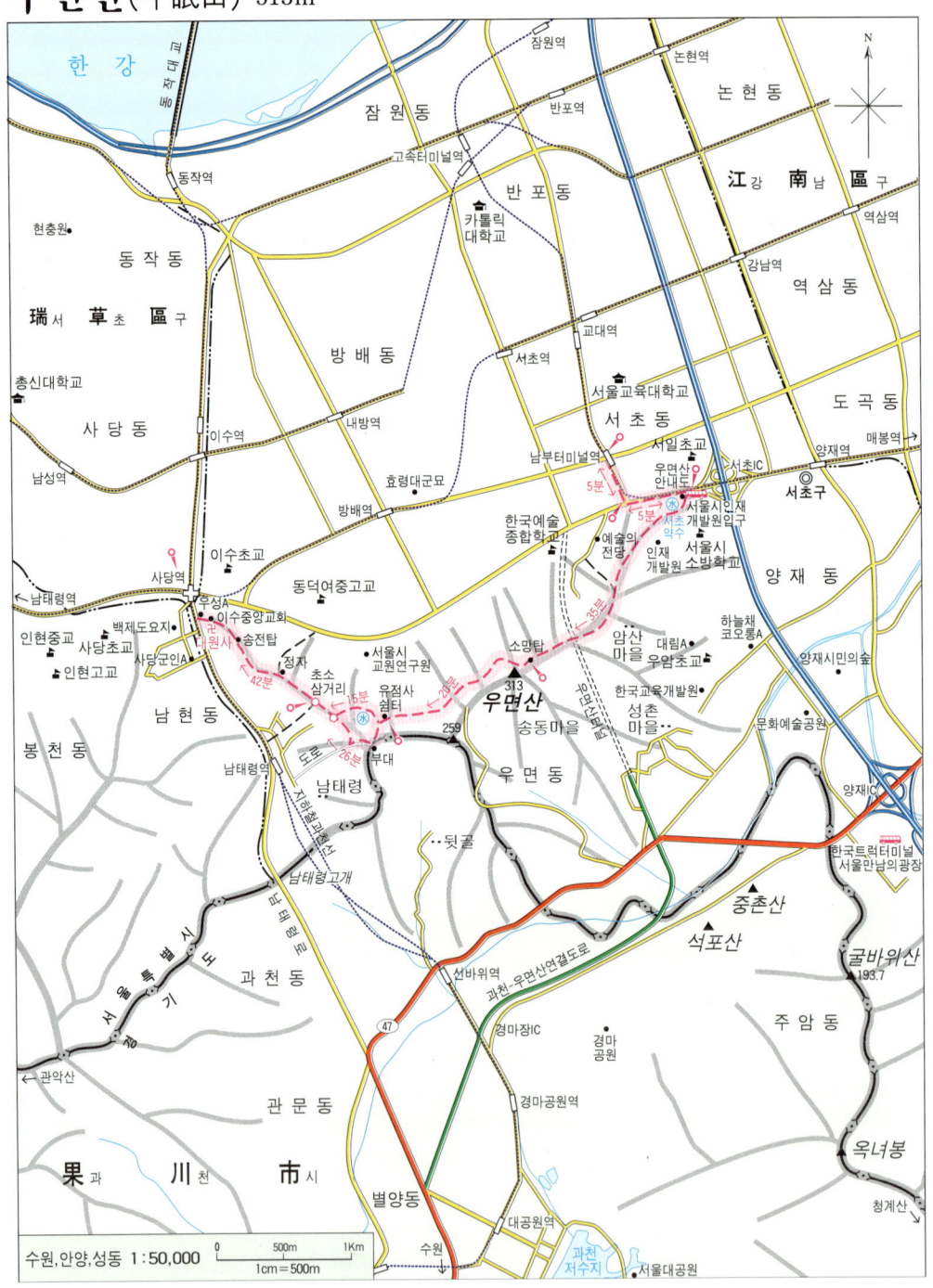

우면산 서울특별시 서초구 우면동

3호선 남부터미널역-소망탑-유점사쉼터-초소삼거리-2,4호선 사당역 총 3시간 13분 소요

남부터미널역 → 10분 → 서초약수터 → 35분 → 소망탑 → 20분 →
유점사 쉼터 → 26분 → 초소삼거리 → 42분 → 사당역

우면산(牛眠山 313m)은 서초구 남쪽에 위치한 공원 같은 산이다. 산행은 3호선 남부터미널역 3번 출구에서 남쪽으로 5분 거리 남부순환대로 건너 왼쪽으로 5분을 가면 서초약수터가 나온다.

약수터를 지나 5분 거리 인재개발원 갈림길에서 오른쪽으로 20분을 오르면 송전탑을 지나고, 11분을 더 오르면 정상을 대신하는 소망탑이다.

하산은 동쪽 1분 거리에서 오른쪽으로 1분 내려가면 갈림길이 나온다. 갈림길에서 왼쪽 비탈길을 따라 16분을 가면 유점사 쉼터가 나온다.

유점사 쉼터에서 사당역을 향해 양 방향으로 갈림길이 있다. (1)은 운동시설 왼쪽으로 4분을 올라가면 부대 앞 도로가 나타난다. 여기서 오른쪽 도로를 따라 2분 거리에서 오른편 등산로를 따라 7분을 내려가면 삼거리가 나온다. (2)는 운동시설 오른쪽으로 가면 비탈길로 이어지면서 15분을 가면 삼거리이다. 삼거리에서 왼쪽으로 11분을 가면 초소삼거리가 나온다.

초소에서 오른쪽으로 10분을 가면 갈림길이 나오는데 왼쪽으로 3분을 가면 고개 사거리가 나온다. 여기서 직진 2분 거리 갈림길에서 철탑 왼쪽으로 5분을 가면 팬스가 나온다. 팬스를 따라 6분을 가면 작은 봉우리를 넘어 임도가 나온다. 임도에서 오른쪽으로 50m 거리 송전탑을 지나 바로 왼쪽 샛길로 5분을 내려가면 대원사가 나온다. 대원사에서 마을길을 따라 5분 내려가면 우성아파트를 지나 대로에 닿고 사당역은 오른쪽으로 5분 거리다.

우면산 정상을 대신하는 소망탑.

● 교통
3호선 남부터미널역 3출구.

■ 식당
황제고기 : 관악구 남현동 1062-15. 02-585-2040

목우촌(생고기) : 남현동 사당역 5번 출구. 02-588-7399

흑산도 갯마을(낙지) : 남현동 1061-8. 02-598-4328

제주토종흑돼지 : 남현동 1061 사당역 5번 출구. 02-583-9250

용마산(龍馬山) 348.6m 아차산(峨嵯山) 286m

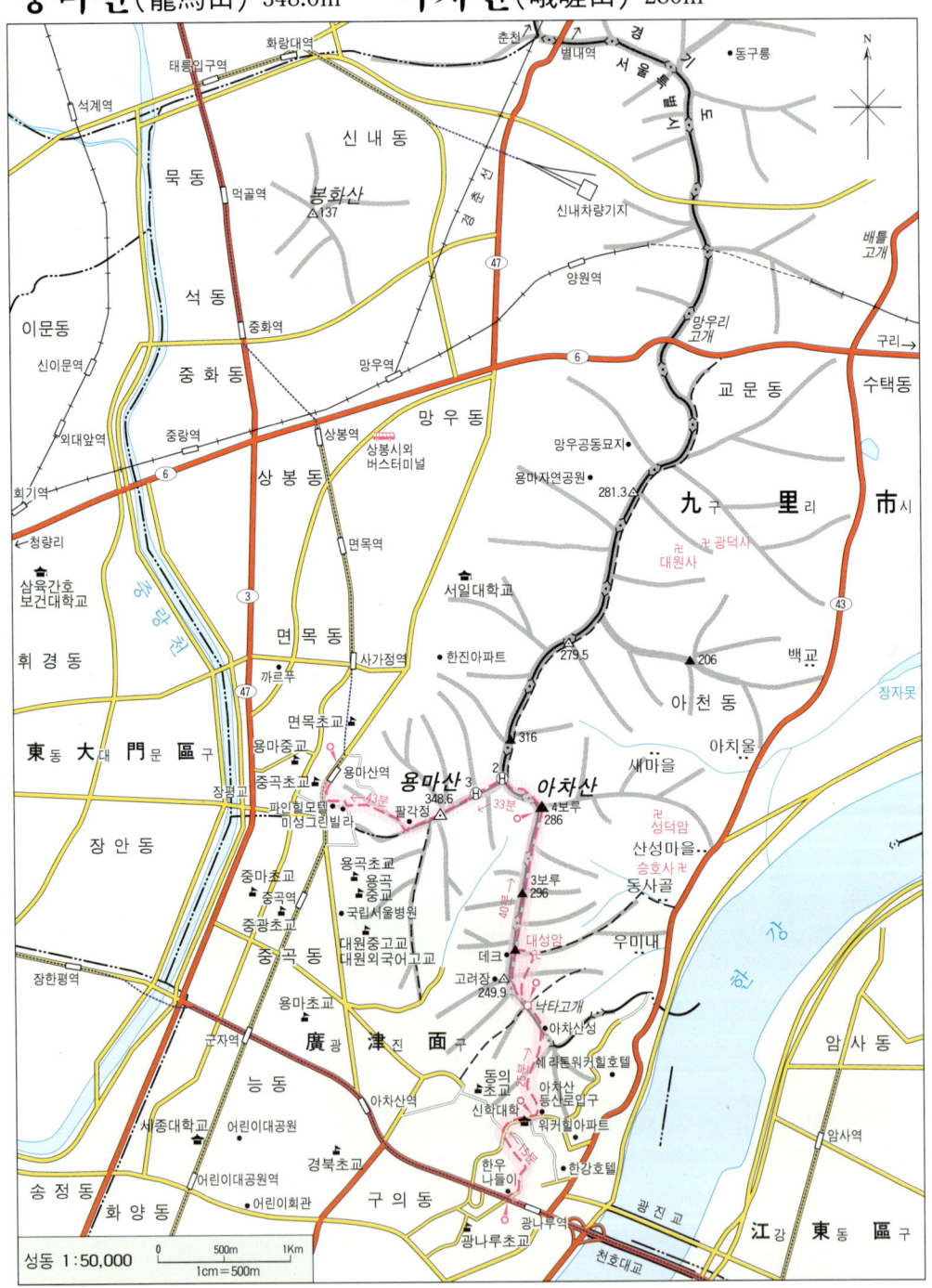

용마산·아차산　서울특별시 중랑구·광진구 · 경기도 구리시

5호선 광나루역-아차산-용마산-7호선 용마산역　총 3시간 36분 소요

광나루역 1번 출구→ 15분→ 신학대학→ 25분→ 낙타고개→ 40분→
아차산→ 33분→ 용마산→ 30분→ 미성그린빌라→ 13분→ 용마산역 2번 출구

　5호선 광나루역 1번 출구에서 북쪽으로 50m 가면 오른편으로 고구려길 표시가 나온다. 여기서부터 고구려길 표시를 따라 50m 거리 광장중학교 오른편 골목으로 100m 정도 가서 광장초교 오른편 담을 따라 2분을 가면 등산로가 나온다. 이 등산로를 따라 4분을 가면 생태공원도로 삼거리다. 여기서 오른쪽 도로를 따라 5분을 가면 신학대학 정문을 지나서 50m 거리에 아차산 등산로 입구가 있다.

　입구에서 등산로를 따라 14분을 올라가면 능선 삼거리가 나온다. 삼거리에서 오른쪽 능선을 따라 6분을 가면 아차산성을 지나고, 5분을 더 가면 사거리 낙타고개가 나온다. 낙타고개에서 직진 6분을 가면 고려정이고, 2분을 더 가면 대성암 갈림길이다. 여기서 왼편 계단으로 17분을 오르면 해맞이광장을 지나 데크 갈림길이 나온다. 갈림길에서 직진 15분을 가면 4보루 아차산 정상이다.

　4보루에서 5분 내려가면 철탑 고개가 나오고 11분을 오르면 제2헬기장 삼거리다. 여기서 왼쪽으로 17분을 가면 용마산 정상에 닿는다.

　하산은 서쪽 계단길 따라 11분을 내려가면 사거리가 나온다. 사거리에서 오른쪽으로 3분을 가면 팔각정이 나온다. 팔각정에서 왼편은 중곡역 오른편은 용마산역 방면이다. 용마산역을 향해 16분을 내려가면 등산로 끝 미성그린빌라이다.

　미성그린빌라 오른쪽 30m에서 왼쪽으로 5분을 내려가면 도로에 닿고, 오른쪽으로 8분을 가면 용마산역 2번 출구이다.

●교통
지하철 5호선 광나루역 1번 출구, 7호선 면목역 2번 출구.

■식당
등갈비쭈꾸미 :
용마산역 1번 출구에서 150m.
02-469-5592

저수지(매운탕) :
중랑구 면목4동 379-45.
02-439-6124

한우나들이 :
광나루역 1번 출구에서 100m.
02-446-9891

4보루 아차산 정상.

인능산(仁陵山) 326.5m

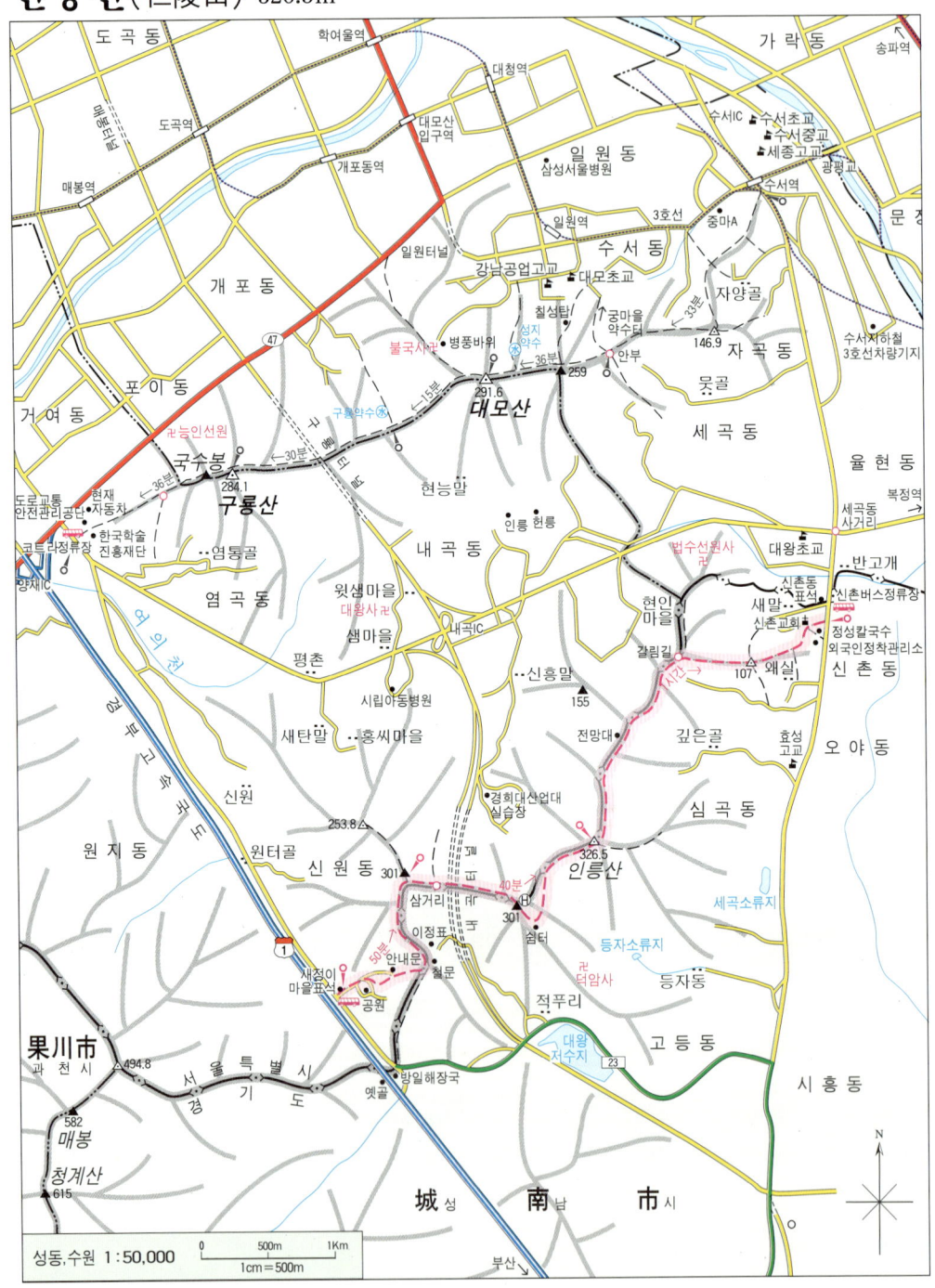

인능산   서울특별시 강남구 · 경기도 성남시

신분당선 청계산역–새정이마을 입구–인능산–신촌동 표석   총 3시간 30분 소요

새정이마을 입구 → 50분 → 301봉 삼거리 → 40분 → 인능산 → 60분 → 신촌동 표석

    인능산(仁陵山 326.5m)은 강남구, 성남시 경계를 이루고 북쪽으로는 대모산과 구룡산, 서쪽에는 청계산이 위치한 완만한 육산이다.

    산행은 분당선 청계산역 2번 출구에서 남쪽 도로를 따라 20분 거리에 이르면 새정이마을 입구가 나온다. 여기서 새정이마을길을 따라 9분을 가면 공원 삼거리가 나온다. 삼거리에서 왼쪽으로 가면 골로 가는 넓은 길이 있고, 오른쪽으로 20m 거리 두 번째 왼쪽 골목길을 따라 60m 들어가면 골목길 끝에 산길이 있다. 이 산길을 따라 5분을 오르면 안내문이 있는 골짜기가 나온다. 이 골짜기 길을 따라 8분을 가면 철문이 있고, 왼편으로 가면 바로 이정표 갈림길이 나온다. 여기서 왼쪽 길을 따라 23분을 오르면 301봉 삼거리다.

    삼거리에서 오른쪽으로 2분 거리 삼거리에서 오른쪽 인능산 이정표를 따라 16분을 가면 철조망 헬기장이 나온다. 여기서 오른편으로 30m 가서 왼쪽으로 간다. 왼쪽 길은 비탈길로 이어져 13분을 가면 왼쪽 능선으로 이어져 9분 거리에 이르면 헬기장 인능산 정상이다.

    하산은 왼쪽 신촌동 방면으로 12분을 내려가면 전망대를 통과, 다시 11분을 가면 사거리이다. 사거리에서 직진 14분을 내려가면 갈림길이 나온다. 여기서 직진, 5분 거리 사거리에서 직진 5분을 더 내려가면 마지막 사거리가 나온다. 여기서 왼편 뚜렷한 길로 3분 내려가면 산길이 끝나고 신촌교회 앞을 지나 신촌동 버스정류장이다.

인능산 정상 헬기장.

● **교통**
신분당선 청계산역 2번 출구.

■ **식당**
정성칼국수 : 새곡동사거리에서 공항 쪽 500m. 031-722-1285

신촌가든(일반식) : 성남시 수정구 신촌동117-7. 031-723-9553

옛골토성(오리) : 서초구 신원동 69-7. 02-578-0808

방일해장국 : 성남시 수정구 상적동 211-4. 031-757-4751

영장산(靈長山) 414.2m

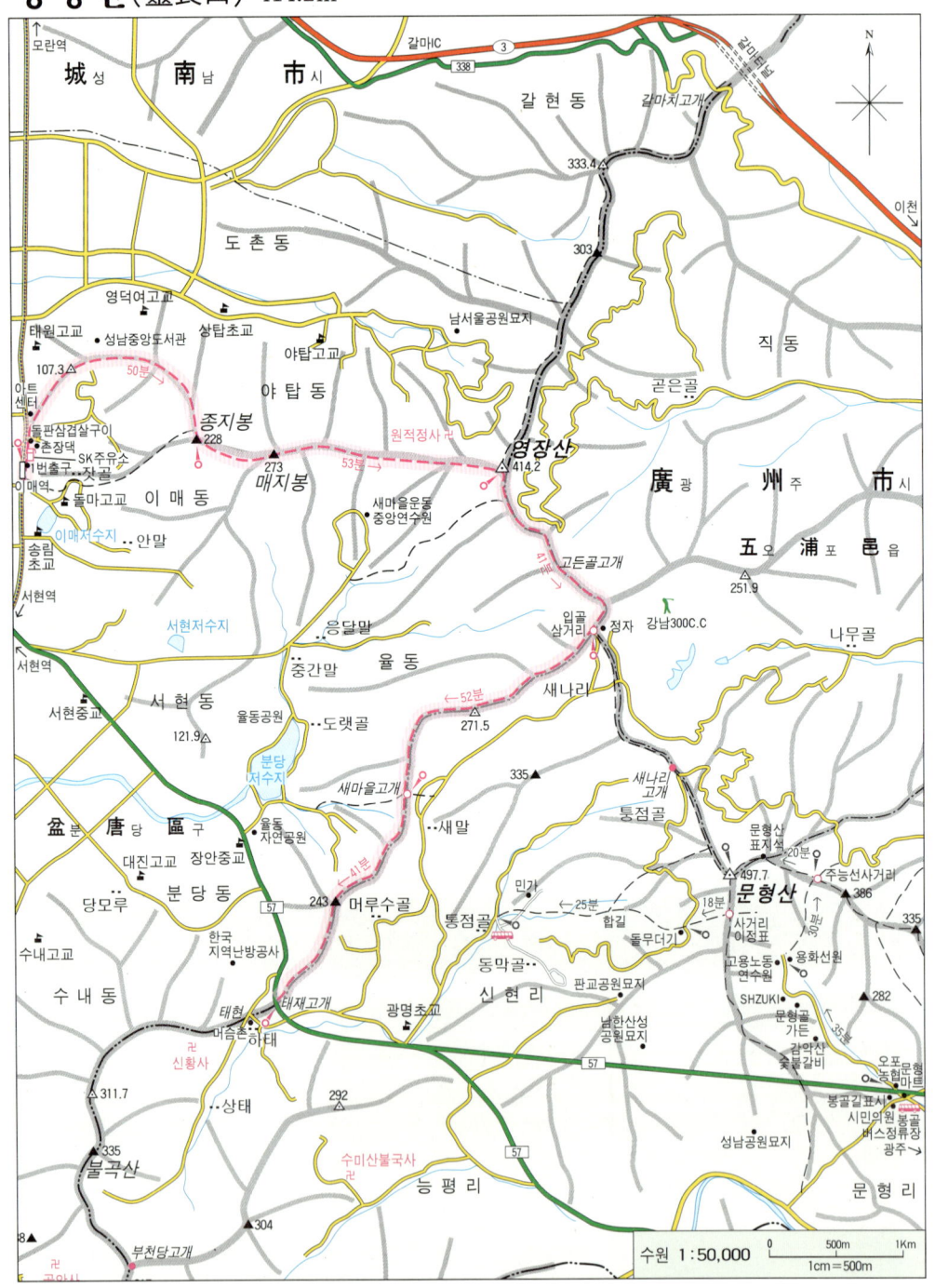

영장산 경기도 성남시, 광주시

이매역-영장산-태재고개 총 4시간 58분 소요

이매역 1번 출구→ 50분→ 종지봉→ 53분→ 영장산→ 41분→ 입골삼거리→ 52분→
새마을고개→ 42분→ 태재고개   *영장산→ 90분→ 갈마치고개

영장산(靈長山 414.2m)은 성남시와 광주시 경계에 위치한 육산이다. 산행은 이매역에서 능선을 타고 정상에 오른 뒤, 남쪽 태재고개나 북쪽 갈마치고개로 하산 한다. 간단한 산행은 이매역에서 정상에 오른 뒤, 다시 이매역으로 하산하거나, 태재고개 쪽으로 가다가 오른편 서쪽 방향으로 하산을 하면 분당시가지로 하산을 하게 된다.

산행은 이매역 1번 출구에서 왼편 북쪽 도로를 따라 가면 SK주유소를 지나면서 4분 거리에 이르면 성남아트센타 입구 오른편에 영장산 등산기점 이정표가 있다. 여기서부터 완만한 등산로를 따라 오르면 수차례 갈림길이 나타난다. 언제나 직진으로 이어지는 지능선길만을 따라 50분을 오르면 228봉을 지나서 삼거리 종지봉에 닿는다.

종지봉에서 계속 직진 53분을 오르면 표지석이 있는 영장산 정상에 닿는다.

하산은 남쪽의 태재고개와, 북쪽의 갈마치고개로 나뉜다. 남쪽의 갈마치고개를 향해 11분을 내려가면 곧은골고개가 나오고, 다시 30분을 내려가면 입골삼거리가 나온다.

입골삼거리에서 오른편 능선길을 따라 41분 거리에 이르면 새마을고개 방향 이정표가 나온다. 여기서는 왼쪽 새마을고개 이정표를 따라 11분을 내려가면 사거리 새마을고개이다.

새마을고개에서 직진 급경사를 오르고 다시 완만한 능선길을 따라 21분 거리에 이르면 봉적골고개를 통과하고, 계속 20분을 더 내려가면 57번 지방도 태재고개에 닿는다.

평범한 영장산 정상.

● **교통**
분당선 전철 이용 이매역 하차. 하산점(태재고개~서현역) 17번, 17-1번 520번 버스 이용.

■ **식당**
촌장댁(손두부) : 성남시 분당구 이매동. 031-703-6533

돌판삼겹살구이집 : 성남시 분당구 이매동. 031-709-5566

머슴촌(국밥) : 광주시 오포읍 신현리 723-5. 031-719-0154

문형산(文衡山) 497.7m

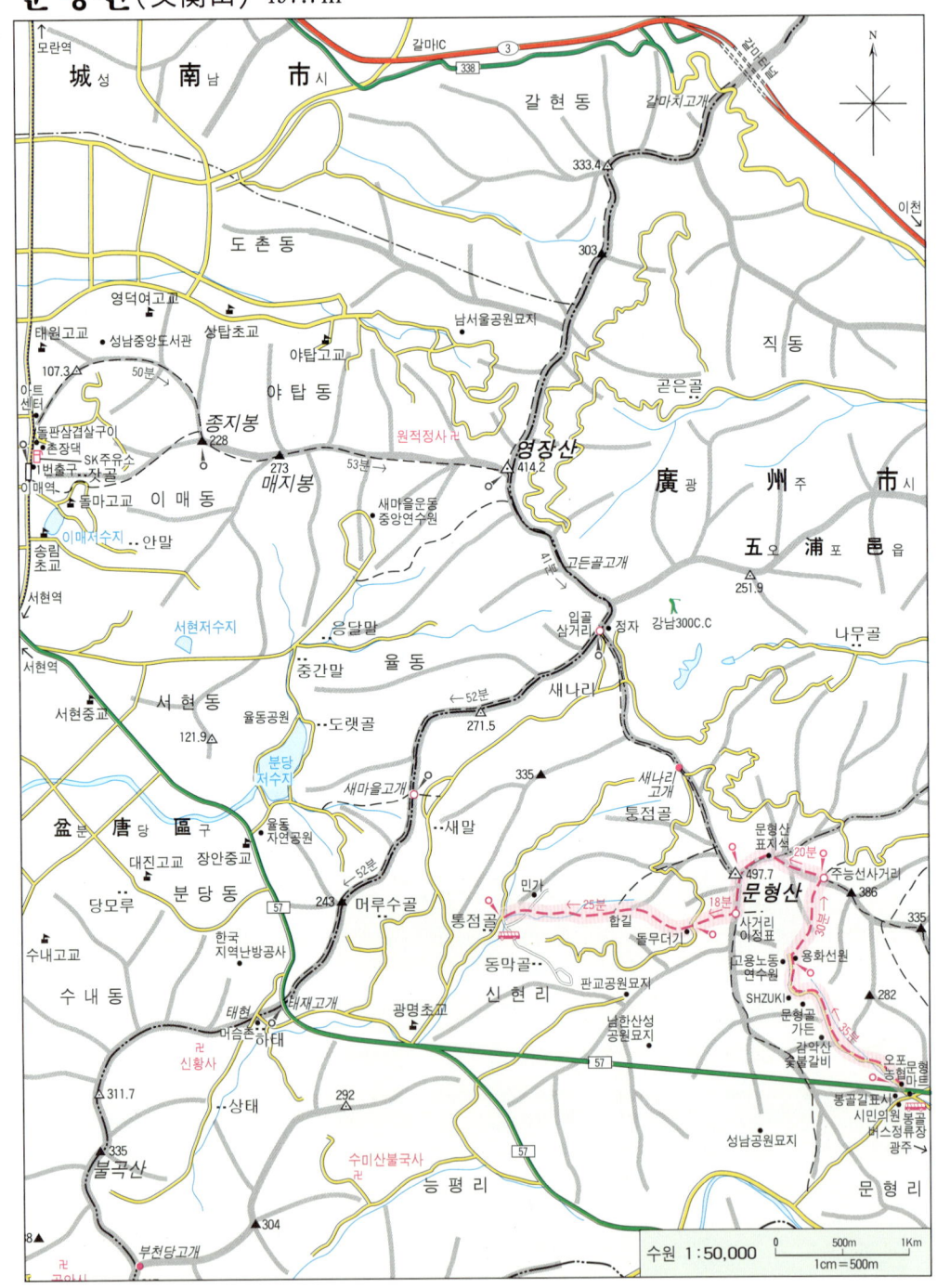

문형산 경기도 광주시, 오포읍

봉골 입구–용화선원–문형산–임도–통정골버스정류장 총 3시간 8분 소요

봉골 입구 → 35분 → 용화선원 → 30분 → 주능선 사거리 → 20분 → 문형산(정자) → 18분 → 임도 → 25분 → 통정골

문형산(文衡山 497.7m)은 조선시대 대제학(大提學)의 별칭으로 이곳에서 선비가 많이 배출되기를 바라는 뜻으로 마을 유지들이 문형산 이름을 지었다고 전해진다. 정상에서 북쪽 능선으로 이어져 약 5km 거리에 영장산이 있다.

산행은 문형리 봉골 입구 버스정류장에서 문형마트 왼편 봉골길 2차선 도로를 따라 35분 거리에 이르면 도로가 끝나면서 용화선원 앞 광장이 나온다.

광장에서 용화선원 왼쪽 계곡으로 난 계단길 등산로를 따라 가다가 계곡으로 이어져 30분을 오르면 주능선 사거리에 닿는다.

주능선 사거리에서 왼쪽 능선을 따라 15분을 더 오르면 표지석이 있는 문형산에 닿는다.

정상표지석에서 서쪽능선으로 5분 거리에 이르면 삼거리에 정자가 있는 봉이 나온다. 5만분의 1 지도상에는 이 봉이 문형산(文衡山)으로 표시되어 있다.

정자가 있는 문형산에서 남쪽 능선을 탄다. 남쪽으로 40m 거리 일출단을 통과하여 8분을 내려가면 헬기장을 지나 이정표 사거리가 나온다. 사거리에 오른편 세능선길을 따라 10분을 내려가면 임도가 나오고 왼편 오른쪽에 돌무더기가 있다. 여기서 돌무더기 오른편으로 난 길을 따라 7분을 내려가면 합길이 나오고 3분을 더 내려가면 임도가 나온다. 임도 왼쪽 50m 거리 갈림길에서 오른쪽 임도를 따라 15분을 더 내려가면 통정골 버스정류장이다.

정자가 있는 문형산 정상.

● **교통**
분당선 서현역 2번 출구에서 17번, 17-1번 버스를 타고 문형리 봉골 입구 하차.
하산지점 신현1리 통정골에서 520번 서현역 행 버스 이용.

■ **식당**
문형골가든(닭, 오리) : 오포읍 문형1리 20-3. 031-767-7599

동막골이야기(일반식) : 오포읍 신현리 153-2. 031-718-7762

먹골식당(일반식) :
오포읍 신현리. 031-718-8751

불곡산(佛谷山) 335m

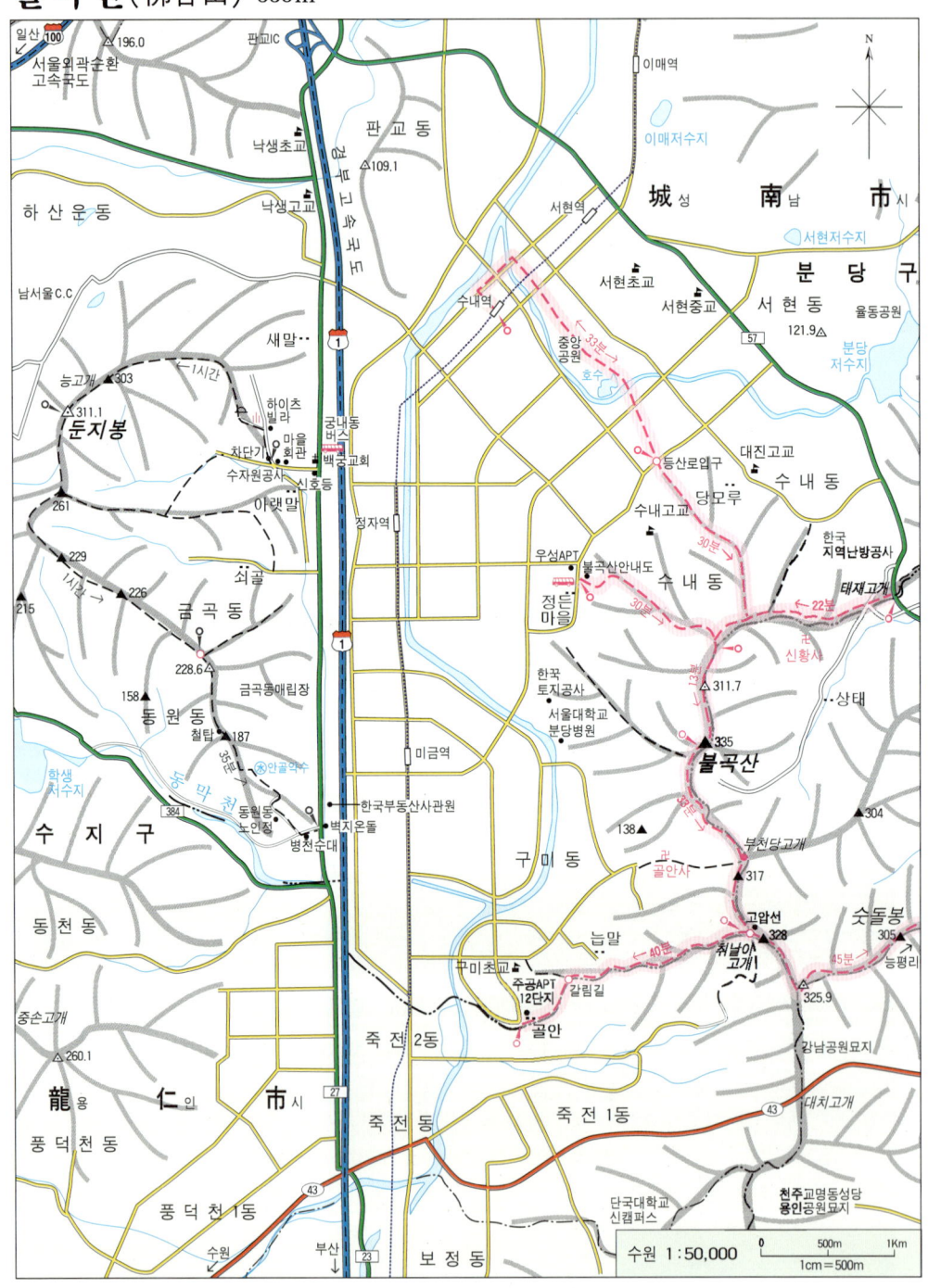

불곡산 경기도 성남시 분당구

수내동 정든마을 우성아파트-불곡산-쥐날이고개-세터마을 총 2시간 56분 소요

우성아파트 → 43분 → 불곡산 → 33분 → 쥐날이고개 → 40분 → 세터마을

불곡산(佛谷山 335m)은 분당 동쪽에 위치한 산이다. 산행은 수내동 정든마을 우성아파트에서 시작하여 정상을 경유 남쪽 능선을 타고 쥐날이고개에서 서쪽 구미동으로 하산하거나 동쪽 능평리로 하산한다.

산행은 수내동 정든마을 우성아파트에서 도로 건너 나무계단을 오르면 등산안내도가 있고 갈림길이 있다. 여기서 어느 쪽으로 가도 정자에서 만난다. 정자에서 능선길만 따라 30분을 오르면 주능선 삼거리에 닿는다. 능선에서 남쪽으로 13분을 가면 불곡산 정상이다.

하산은 남쪽 능선을 따라 10분을 내려가면 분전당고개가 나오고, 계속 남쪽 능선을 따라 6분을 가면 송전탑이 나오며, 계속 17분을 더 가면 쥐날이고개가 나온다.

쥐날이고개에서 오른편 정자를 지나 지능선을 따라 12분을 내려가면 갈림길이 나온다. 갈림길에서 계속 능선만을 따라 28분을 내려가면 삼거리를 지나 구미동 세터마을에 닿는다.

*능평리 쪽은 쥐날이고개에서 왼쪽으로 15분 가면 철망이 삼거리다. 여기서 왼쪽 철망길 따라가면 갈림길이 나오는데, 오른쪽은 오산리, 왼쪽은 능평리 방면이다. 계속 주능선 따라 23분을 내려가면 숯돌봉에 닿고, 5분 더 내려가면 숯돌봉 약수터에 닿는다. 약수터에서 조금 내려가면 갈림길이 나온다. 오른쪽은 능원초교 방면이고, 왼쪽으로 내려가면 등산안내판이 있는 능평리 도로에 닿는다. 숯돌봉약수터에서 40분 거리다.

정자가 있는 분당 불곡산 정상.

● **교통**
분당선 백궁역에서 우성아파트 경유 109번 버스를 타고 정든마을 우성아파트 하차.
하산지점 능평삼거리에서 3호선 서현역-오포 간 17번 119번, 1500번 버스 이용.

■ **식당**
용인토종순대국 :
광주시 오포읍 능평리.
031-766-9222

원조양평해장국 :
수내동 수내역 8-4 1번 출구.
031-718-7773

봉산(烽山) 207.8m　앵봉(鶯峰) 235.1m

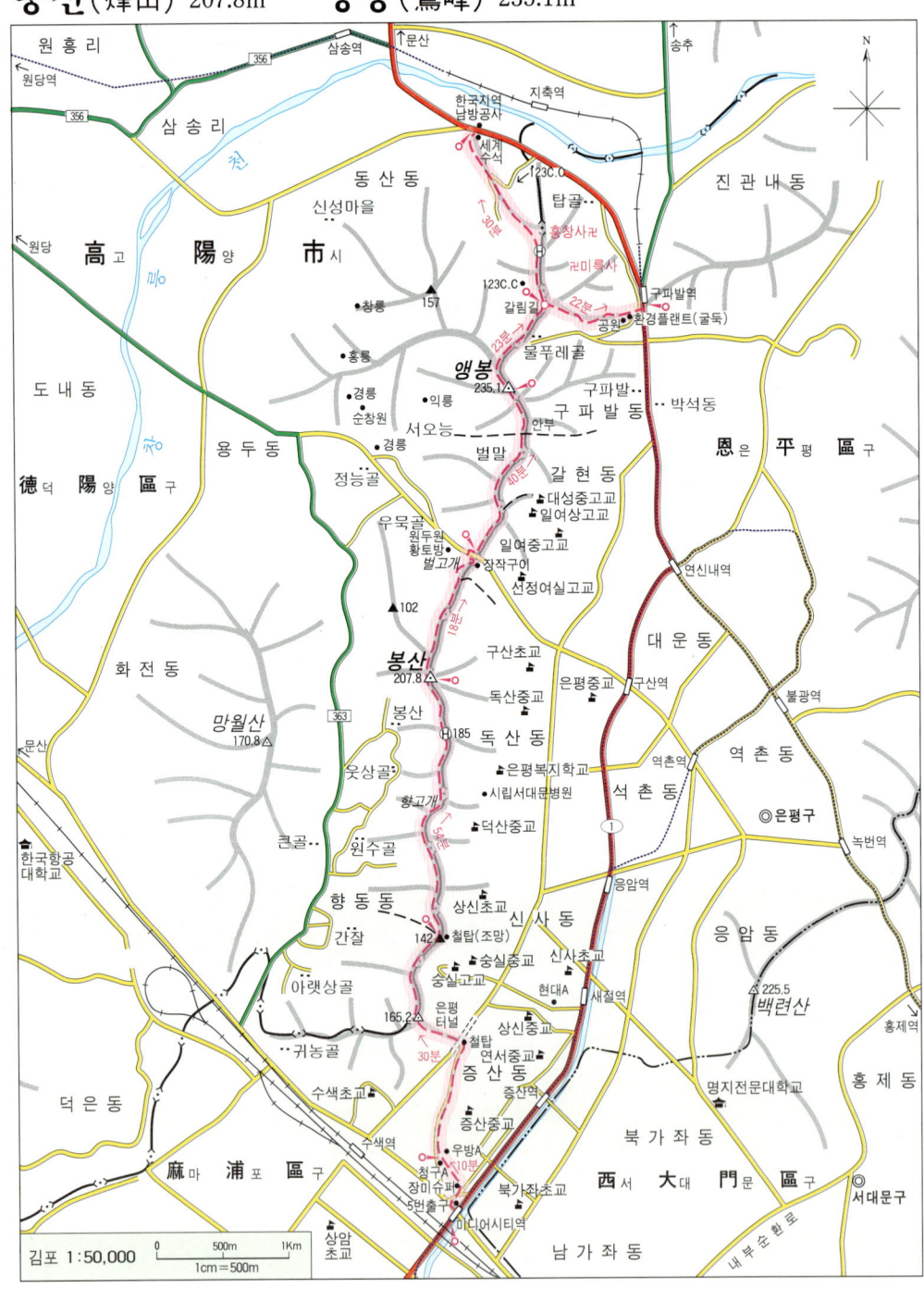

봉산 · 앵봉   서울특별시 은평구 · 경기도 고양시

6호선 미디어시티역-봉산-벌고개-앵봉-3호선 구파발역   총 4시간 27분 소요

미디어시티역 5번 출구→ 10분→ 청구아파트→ 30분→ 철탑 위→ 54분→
봉산→ 18분→ 벌고개→ 40분→ 앵봉→ 55분→ 구파발역

　　봉산(烽山) 207.8m, 앵봉(鷹峰) 235.1m은 수색에서 구파발까지 길게 이어진 나지막한 산이다. 주능선으로 뚜렷하게 등산로가 있고 중간에 샛길이 많다.

　　산행은 6호선 미디어시티역 5번 출구에서 직진(70m) GS주유소에서 오른쪽 골목으로 도로를 따라(150m) 장미슈퍼에서 좌회전(50m) 청구아파트 오른쪽(20m)에서 왼쪽으로 50m 가면 등산로가 있다.

　　철계단을 올라서면 완만한 산책길로 이어져 30분 거리에 이르면 철탑(전망대) 위에 닿는다.

　　여기서 계속 북쪽 주능선을 따라 28분을 가면 헬기장(사덕정)이 나온다. 헬기장에서 26분 거리에 이르면 팔각정이 있는 봉산 정상에 닿는다.

　　봉산에서 계속 북쪽 주능선을 따라 13분을 내려가면 갈림길이 나오는데 왼쪽으로 3분 내려가면 벌고개 서오릉로에 닿는다.

　　도로에서 왼편 50m 거리 횡단보도를 건너 오른쪽 30m에서 돌계단길을 따라 15분을 오르면 갈림길 쉼터가 있고, 북쪽 주능선을 따라 25분을 가면 철탑이 있는 앵봉에 닿는다.

　　앵봉에서 왼쪽길을 따라 8분을 내려가면 삼거리가 나온다. 삼거리에서 오른쪽 주능선을 따라 15분을 가면 '지축 0.9Km 구파발 0.5km' 갈림길이 나온다. 갈림길에서 오른쪽 구파발역으로 12분을 내려가면 환경풀랜트 건물을 지나 구파발역 서편 도로에 닿는다. 횡단보도를 건너 오른쪽으로 돌아 10분 거리에 이르면 구파발역이다.

봉수대가 있는 팔각정 봉산정.

● 교통
6호선 미디어시티역. 3호선 구파발역.

■ 식당
장작구이(오리) :
고양시 덕양구 봉누농1-41.
02-382-4536

황토방(한정식) :
고양시 덕양구 용두동 1-48.
02-353-6886

원두원(두부) :
고양시 덕양구 용두동 1-47.
02-354-9600

바라산 428m

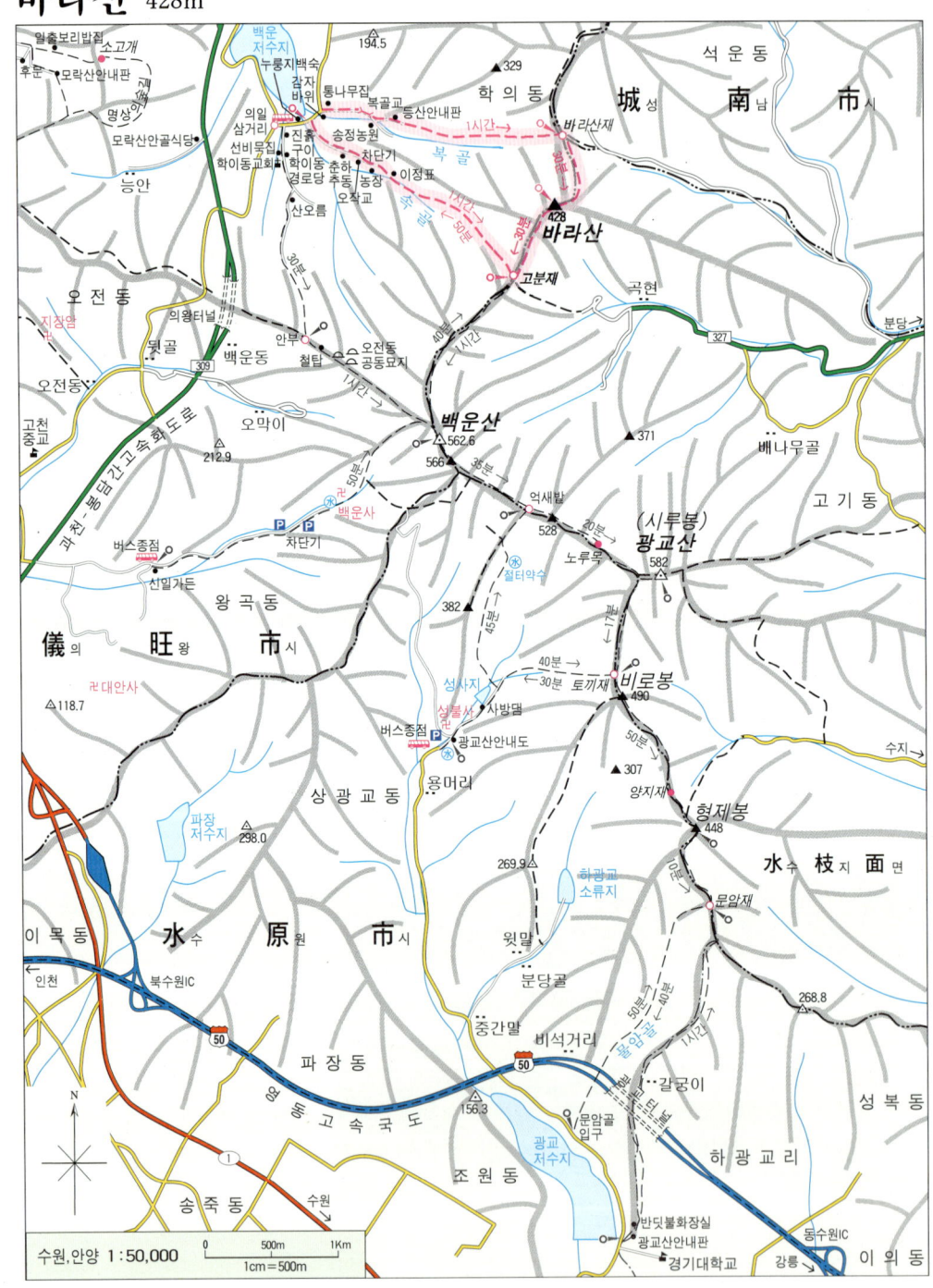

바라산 경기도 의왕시

의일삼거리-바라산재-바라산-고분재-의일삼거리 총 3시간 50분 소요

의일삼거리→ 60분→ 바라산재→ 30분→ 바라산→ 30분→
고분재→ 50분→ 의일삼거리

바라산(428m)은 경기도 의왕시 용인시 경계에 위치한 산이다. 북쪽 청계산에서 남쪽으로 뻗어 내려온 산줄기가 국사봉을 지나서 바라산 백운산 광교산으로 이어진다. 완만한 산세에 등산로도 무난하다. 백운저수지에서 바라산재를 경유하여 바라산에 오르고, 고분재를 경유하여 다시 백운 저수지로 원점회귀 산행이다. 장거리 산행은 바라산 정상에서 남쪽 주능선을 타고 백운산 광교산까지 등산로가 이어진다.

산행은 백운저수지 상류 의일삼거리에서 북쪽 200m 가면 다리 건너기 전 오른쪽으로 소형차로가 있다. 이 소형차로를 따라가면 송정농원이 있고 송정농원에서 계곡길을 따라 가면 등산안내판 삼거리가 나온다. 여기서 무난하게 이어지는 계곡으로 난 등산로를 따라 30분을 올라가면 바라산재 사거리에 닿는다.

바란산재는 깊게 패인 큰 고개이고 옛날 분당에서 안양으로 통하는 중요한 길인 듯하다. 바라산재에서 오른편 주능선 경사진 길을 따라 30분을 올라가면 바라산 정상에 닿는다.

정상에서 바라보면 분당 방면 백운저수지 방면이 바라보인다.

정상에서 하산은 남쪽으로 30분을 내려가면 고분재사거리가 나온다. 고분재에서 오른쪽으로 간다. 북쪽 방면 오른편 하산길을 따라 내려가면 계곡길로 이어져 30분 거리에 중앙농원 입구가 나온다. 여기서부터 농로를 따라 20분 더 내려가면 의일삼거리 버스정류장이다.

협곡처럼 보이는 바라산재.

●교통
4호선 인덕원역 하차, 2번 출구에서 5번, 6번 백운저주지행 마을버스 이용, 의일삼거리 하차.

■식당
진흙구이 :
의왕시 학의동 641-3.
031-426-9293

감자바위(해물탕) :
의왕시 학의동 549-1.
031-426-3019

숲속송정농원(닭, 오리) : 의왕시 학의동 795. 031-426-9192

백운산 (白雲山) 562.6m

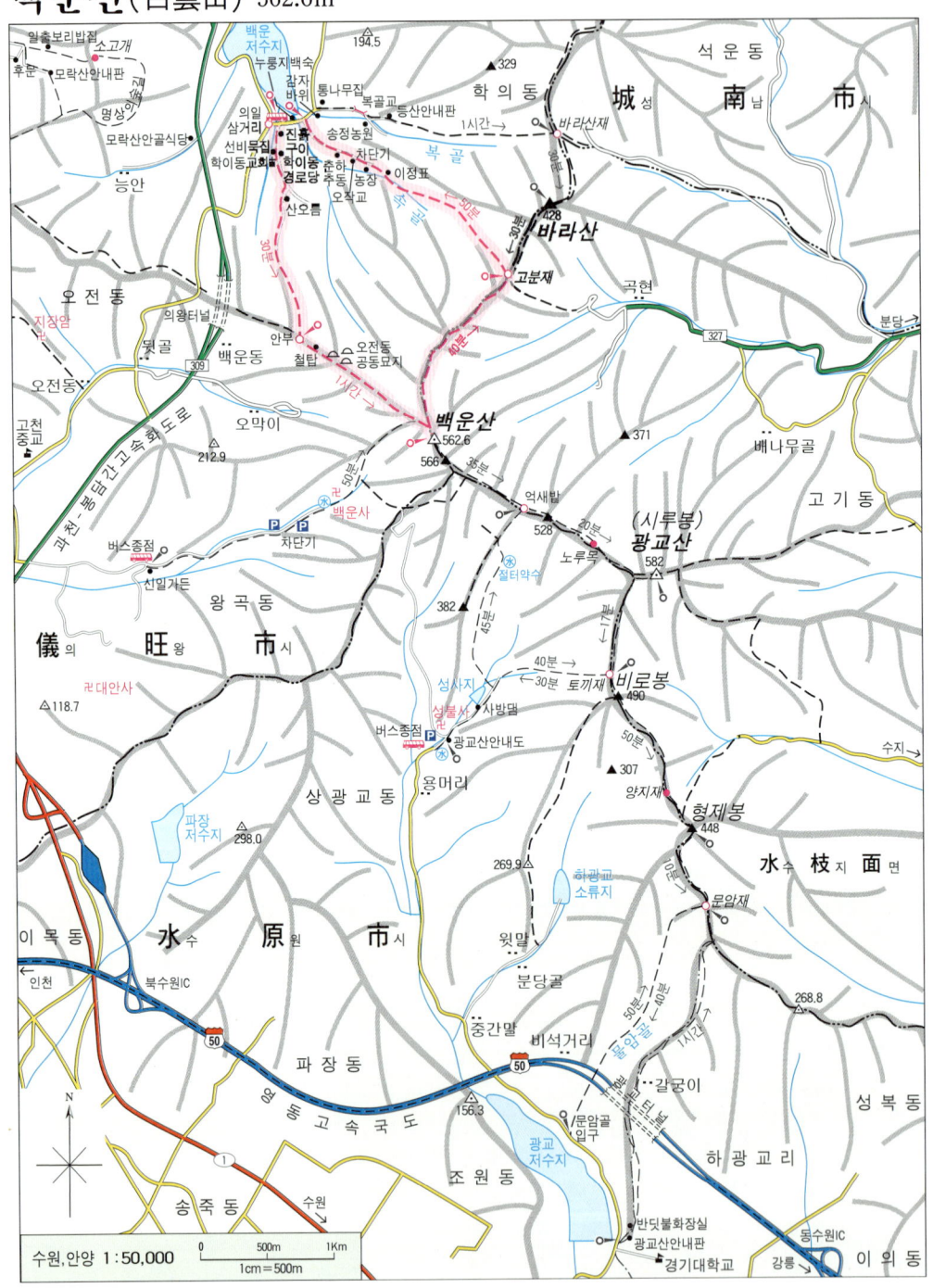

백운산 경기도 의왕시, 용인시

의일삼거리-백운산-고분재-의일삼거리 총 4시간 소요

의일삼거리 → 30분 → 안부사거리 → 60분 → 백운산 → 40분 →
고분재 → 50분 → 의일삼거리

백운산(白雲山 562.6m)은 경기도 의왕시, 수원시, 용인시 경계에 위치한 산이다. 완만하고 부드러운 산세에 수원지방 사람들이 많이 오르고 있다. 북쪽으로는 바라산 남쪽으로는 광교산으로 이어지는 중간에 위치한 산이며 정상에는 돌탑이 있다. 산행은 북쪽 백운저수지에서 시작하여 백운산에 오르고 하산은 고분재를 경유하여 다시 백운저수지로 원점회귀 산행이다. 또는 광교산까지 종주산행도 좋다.

남쪽 삼광교동에서 오른 다음, 북쪽 바라산까지 또는 남쪽 광교산까지 산행을 하면 좋다.

산행은 인덕원역 2번 출구에서 5번 6번 마을버스를 타고 백운저수지 상류 의일삼거리에서 하차 한 다음, 도로 건너 진흙구이집 오른쪽 소형차로를 따라 10분을 가면 삼거리가 나온다. 삼거리에서 오른쪽으로 가면 산오름(식당)을 왼쪽으로 끼고 소형차로를 따라가다 갈림길에서 왼쪽으로 간다. 왼쪽 길로 가면 또 갈림길이 나오는데 오른쪽 길을 따라가면 안부사거리가 나온다.

안부에서 왼쪽 능선으로 올라가면 묘를 지나고 철탑을 지나면 공원묘지가 나온다. 계속 능선길을 따라 1시간을 오르면 주능선 삼거리가 나오고 오른쪽으로 200m 더 오르면 백운산 정상이다.

하산은 동쪽 바라산 쪽으로 주능선을 따라서 40분을 내려가면 고분재 사거리가 나온다.

고분재에서 왼쪽 길을 따라 50분을 내려가면 중앙농원을 지나 의일삼거리 버스정류장이다.

울창한 숲과 돌탑이 쌓인 백운산 정상.

● **교통**
4호선 인덕원역 하차. 2번 출구에서 5번, 6번 마을버스 이용, 의일삼거리 하차.

■ **식당**
신흙구이 : 의왕시 학의농 641-3. 031-426-9293

감자바위(해물탕) : 의왕시 학의동 549-1. 031-426-3019

폭포가든(보리밥전문) : 장안구 상광교동 67-3. 031-256-9774

광교산(光教山) 582m

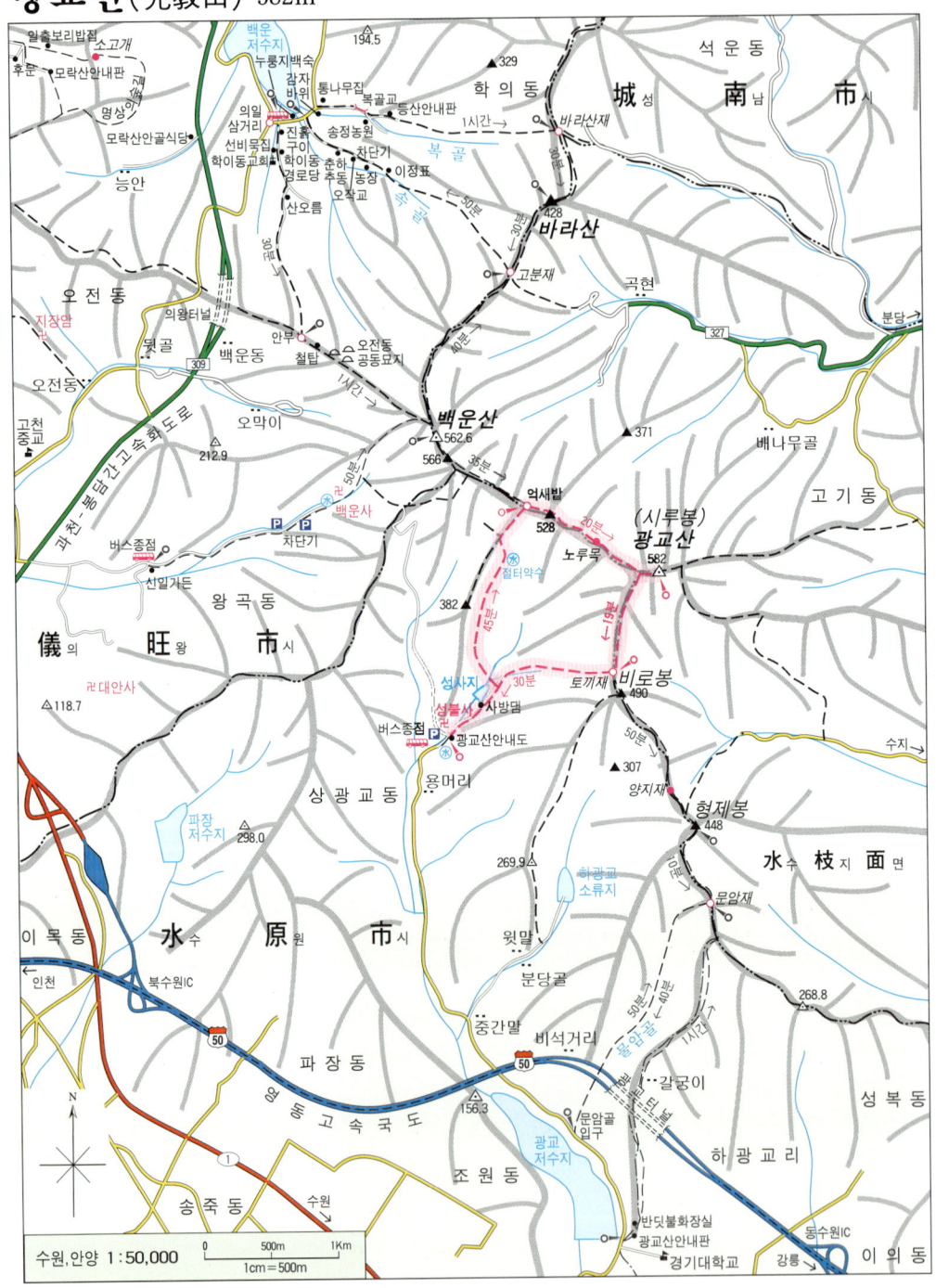

광교산 경기도 수원시, 용인시

상광교동 종점-억새밭-광교산-토끼재-상광교동 종점 총 2시간 54분 소요

버스 종점→ 45분 →억새밭 사거리→ 20분 →광교산→ 19분→
토끼재→ 30분 → 버스 종점

광교산(光教山 582m)은 수원시, 용인시 경계에 위치한 산이다. 나지막하고 완만한 산세로 수원지방 사람들이 많이 오르는 산이다. 등산로는 삼광교동 버스 종점에서 시작하여 광교산 정상에 오른 뒤, 단거리로는 토끼재를 경유하여 다시 버스 종점으로 원점회귀 산행이다. 또는 남쪽 능선을 계속 타고 광교저수지 둑으로 하산한다.

산행은 상광교동 버스종점에서 서쪽으로 난 넓은 길을 따라 10분 거리에 이르면 저수지 상류 삼거리가 나온다. 삼거리에서 왼쪽은 억새밭 오른쪽은 토끼재이다. 삼거리에서 왼쪽으로 10분 거리에 이르면 약수터 갈림길이 나온다. 약수터 갈림길에서 오른쪽으로 15분을 가면 절터 약수가 나오고, 10분을 더 오르면 억새밭 사거리에 닿는다.

억새밭 사거리에서 동쪽으로 18분을 가면 광교산 전 삼거리다. 삼거리에서 왼쪽으로 2분 거리에 이르면 삼거리 표지석이 있는 광교산(시루봉) 정상에 닿는다.

정상에서 하산은 올라왔던 2분 거리 서쪽능선 삼거리봉으로 되돌아간다. 주능선 삼거리봉에서 남쪽 능선을 따라 17분을 내려가면 토끼재삼거리에 닿는다.

토끼재에서 서쪽 계단길을 따라 30분을 내려가면 저수지를 거쳐 상광교동 버스 종점에 닿는다.

*토끼재에서 문암재, 광교저수지 쪽은 계속 남쪽능선을 따라 가다가 저수지 방면 이정표대로 따라가면 광교저수지 둑 버스정류장이 나온다.

아름다운 광교산 등산로.

●**교통**
1호선 수원역 5번 출구 광장 왼편 도로 건너 북쪽 방향에서 13번, 13-3번 상광교동행 버스 이용, 상광교동 종점 하차.

■**식당**
폭포가든(보리밥) : 장안구 상광교동 67-3. 031-256-9774

광교현(보리밥,닭, 오리) : 상광교동 47-2. 031-242-3903

토성(오리) : 장안구 하광교동 403-16. 031-245-3400

수리산(修理山) 489.2m

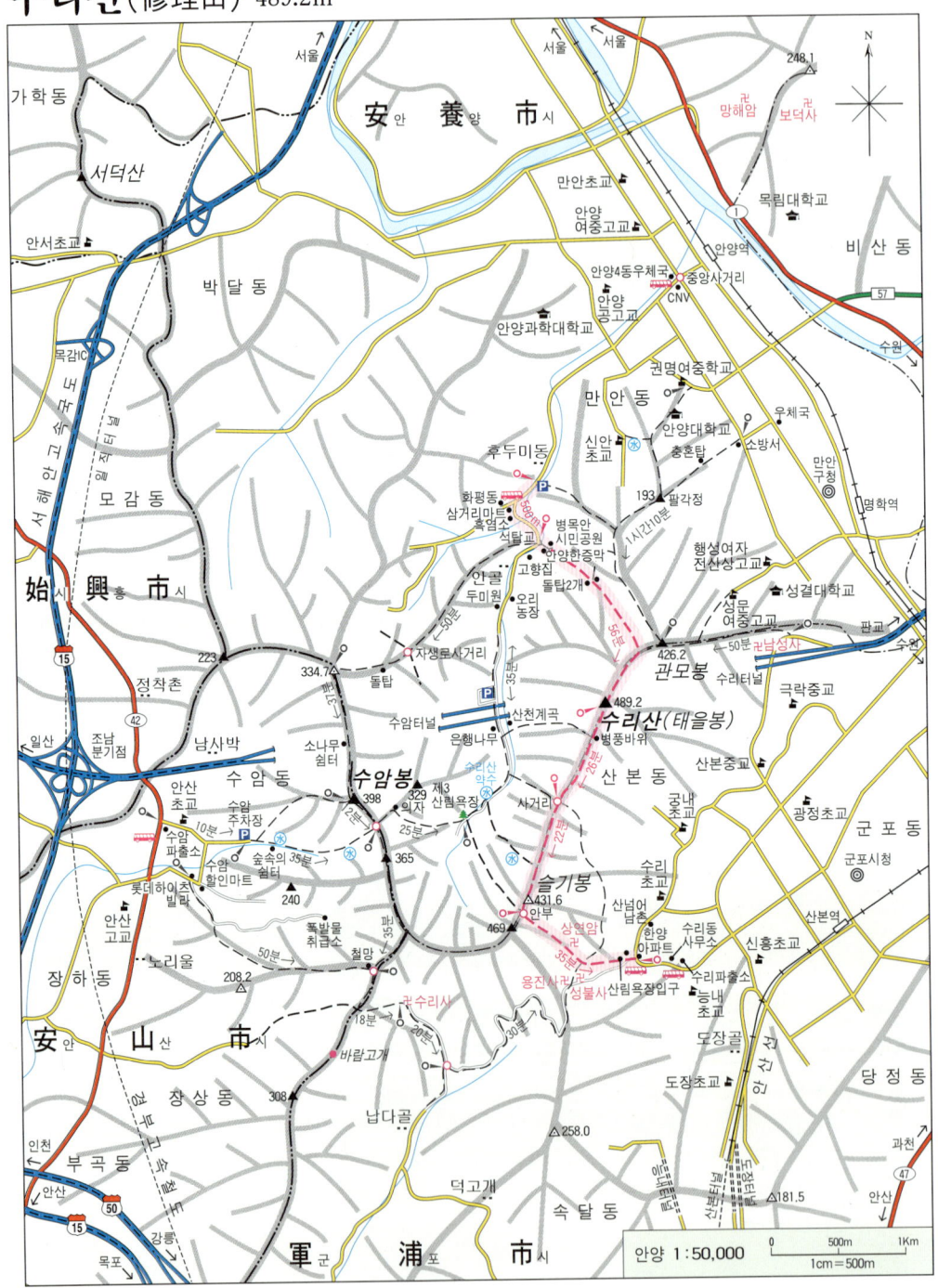

수리산 경기도 안양시

창박골 입구 석탑교-수리산-능선길-안부사거리-수리동 총 3시간 19분 소요

석탑교→ 56분→ 태을봉→ 26분→ 사거리→ 22분→ 안부사거리→ 35분→ 수리동

　수리산(修理山 489.2m)은 경기도 안양시 서쪽에 위치한 산이다. 전체적인 산세는 육산이나 정상 주능선길은 아기자기한 바윗길이다.

　산행은 창박골삼거리에서 왼쪽으로 500m 거리에 이르면 왼쪽에 석탑교가 나온다. 여기서 석탑교를 건너 계곡길을 따라 13분을 올라가면 탑 2개가 있는 삼거리가 나온다. 여기서 직진 골을 따라 30분을 오르면 주능선안부가 나온다. 안부에서 오른편 능선을 따라 13분을 오르면 수리산(태을봉) 정상이다.

　하산은 남쪽 능선을 따라 3분을 내려가면 병풍바위가 나온다. 병풍바위 오른쪽으로 밧줄을 잡고 내려서면 10m 거리에 갈림길이 있다. 갈림길에서 오른쪽은 창박골(40분 소요), 왼쪽은 슬기봉으로 가는 길이다. 갈림길에서 왼쪽 비탈길을 따라 2분을 가면 능선길로 이어진다. 아기자기한 능선 바윗길을 따라 23분을 내려가면 사거리가 나온다.

　사거리에서 오른쪽은 창박골, 왼쪽은 산본동 방면으로 하산길이다. 사거리에서 직진 계속 남쪽 능선을 따라 22분을 가면 슬기봉을 지나서 안부사거리가 나온다.

　안부사거리에서 왼쪽으로 내려가면 급경사 계단길로 이어져 12분을 내려가면 만남의 광장을 지나서 갈림길이 나온다. 갈림길에서 왼쪽으로 3분을 내려가면 성불사 입구 임도에 닿는다. 임도를 가로 질러 20분을 내려가면 약수터 통제소를 지나 한양아파트 뒤 버스정류장이다.

창박골 등산로에 위치한 수리산 돌탑.

●교통
1호선 안양역 앞 중앙사거리 서쪽 안양4동 우체국 앞에서 창박골행 버스(10번 11-3번, 15번, 15-2번) 이용, 창박골 삼거리 하차.
하산점에서 4호선 금정여행 15번, 마을버스 2번.

■식당
화평동(일반식) : 만안구 안양 9동 1055-5. 031-469-9293

산넘어남촌(보쌈) : 산본동 설악아파트 상가. 031-391-1399

수암봉(秀岩峰) 398m

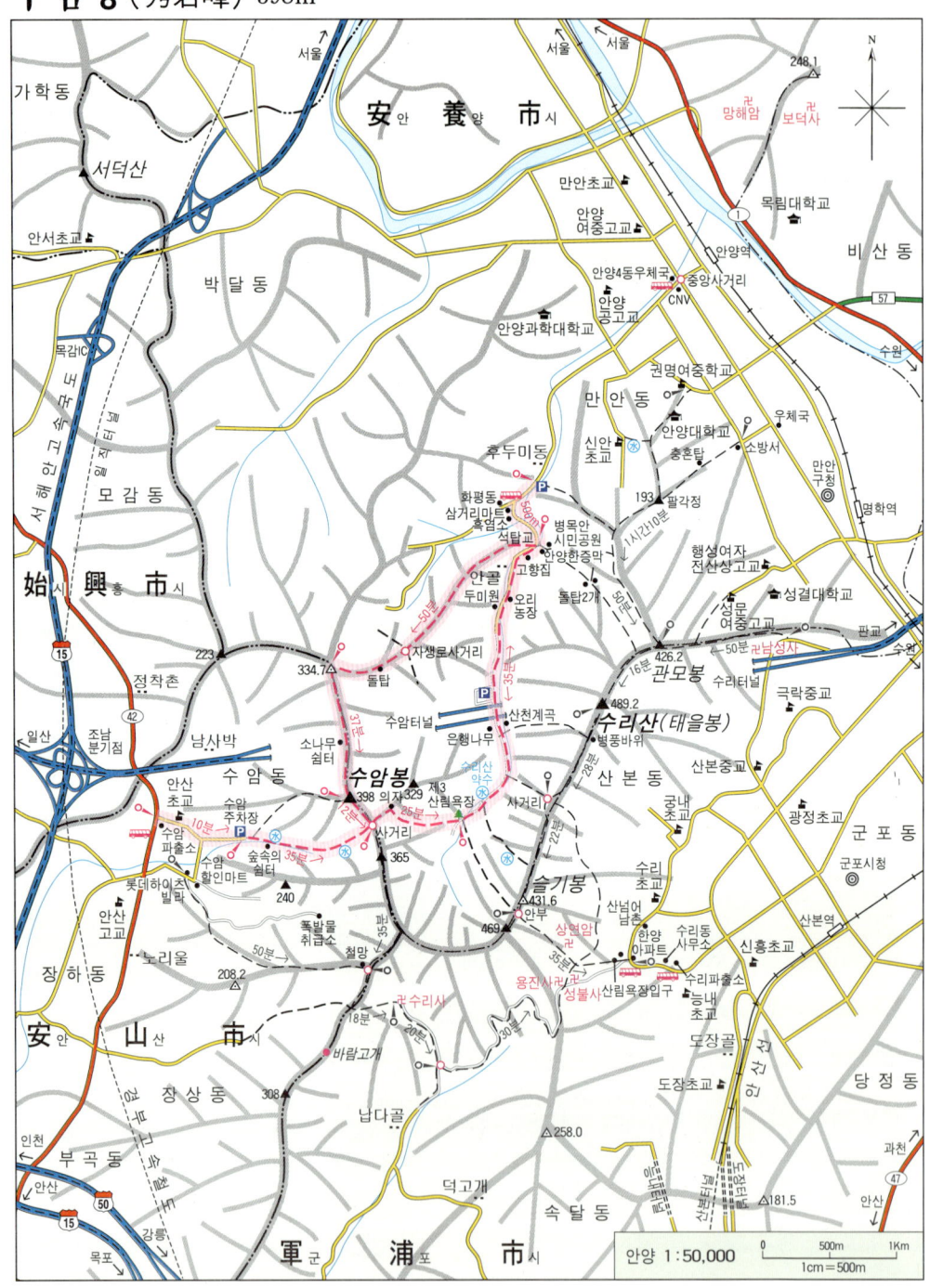

수암봉 경기도 안양시, 안산시

창박골 입구 석탑교-능선길-수암봉-제3산림욕장-창박골 입구 총 3시간 39분 소요

석탑교→ 50분→ 334.7봉→ 37분→ 수암봉→ 12분→ 고개 사거리→ 25분→
제3산림욕장→ 35분→ 석탑교

　수암봉(秀岩峰 398m)은 안산시 수암동 동쪽에 위치한 산이다. 안양시 수리산에서 능선으로 이어져 수리산과 동서로 마주보고 있는 산이며 전체적인 산세는 육산이나 정상 주변은 암봉으로 이루어져 있다. 산행은 안양시 북쪽 석탑교에서 능선을 타고 수암봉에 오른 뒤, 창박골을 따라 다시 석탑교로 원점회귀 산행이다. 또는 수암동 주차장에서 오르고 다시 수암동으로 하산한다.

　산행은 창박골 입구 삼거리에서 왼쪽으로 5분 거리에 이르면 석탑교가 나온다. 석탑교에서 오른쪽 지능선으로 오른다. 지능선길은 완만하게 이어져 30분을 오르면 자생로사거리가 나온다. 여기서 직진 능선길을 따라 10분을 가면 돌탑을 지나고 10분을 더 가면 334.7봉에 닿는다.

　여기서 남쪽 능선을 따라 9분을 가면 갈림길 순환지점이 나오고, 계속 남쪽 능선을 따라 10분을 가면 갈림길을 지나 소나무쉼터가 나온다. 소나무쉼터를 지나 10분 거리 갈림길을 통과 8분 더 오르면 수암봉이다.

　하산은 남쪽 능선으로 12분을 내려가면 헬기장을 지나서 고개 사거리가 나온다.

　고개 사거리에서 왼쪽으로 간다. 왼쪽 3분 거리 갈림길에서 오른쪽 계곡길을 따라 22분을 내려가면 제3산림욕장이다.

　제3산림욕장에서부터 소형차로를 따라 35분 거리에 이르면 등산기점 석탑교에 닿는다.

　*하산할 때 헬기장을 지난 고개사거리에서 서쪽으로 30분을 내려가면 수암동 주차장이다.

아기자기한 바위로 이루어진 수암봉 정상

●교통
1호선 안양역 앞 중앙사거리 서쪽 안양4동 우체국 앞에서 창박골행 버스(10번 11-3번, 15번, 15-2번) 이용, 창박골 삼거리 하차.
수암동에서-광명역-개봉여-여의도방면 301번, 302번.
안양역에서 수암동 350번.

■식당
화평동(일반식) :
만안구 안양 9동 1055-5.
031-469-9293

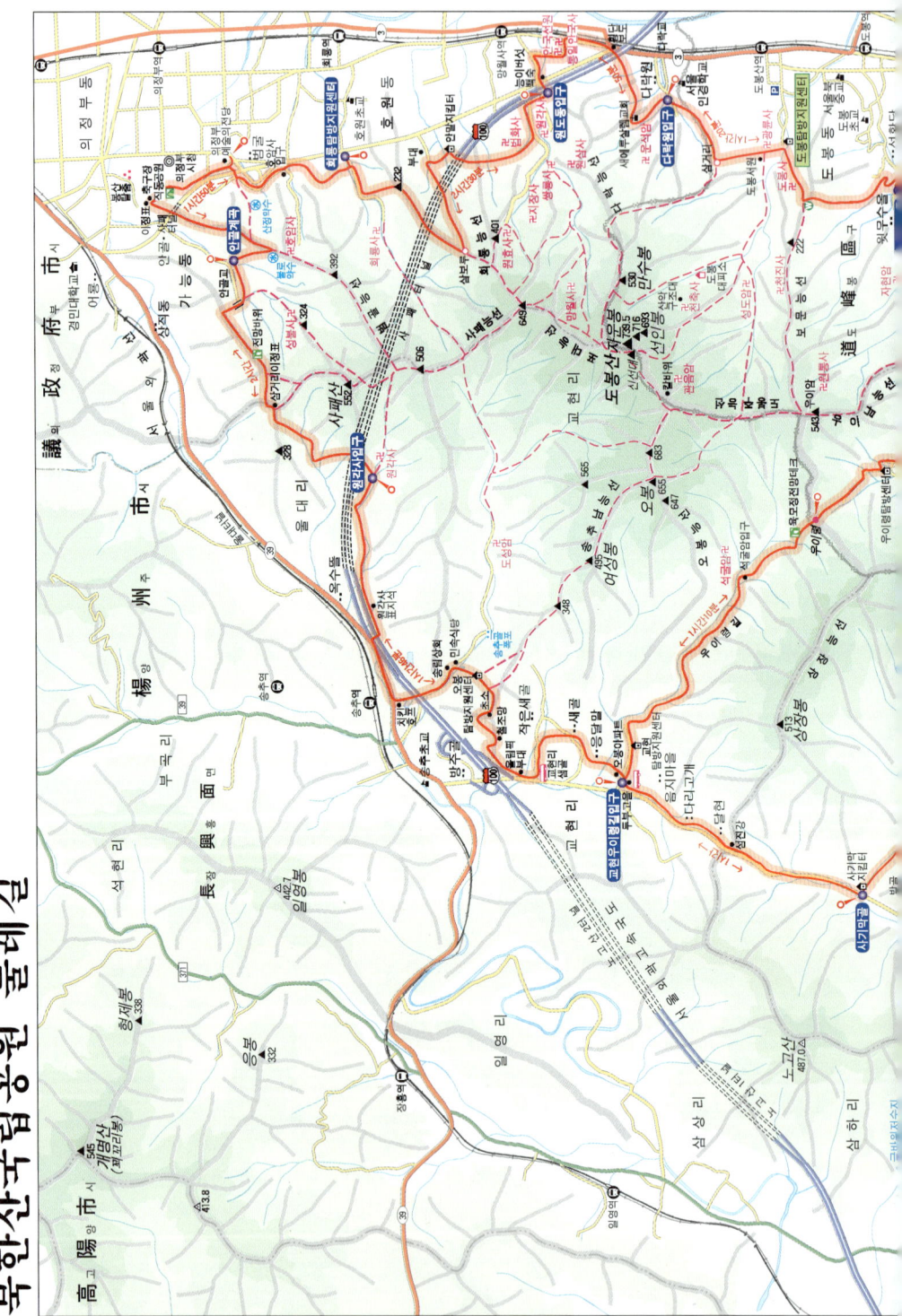

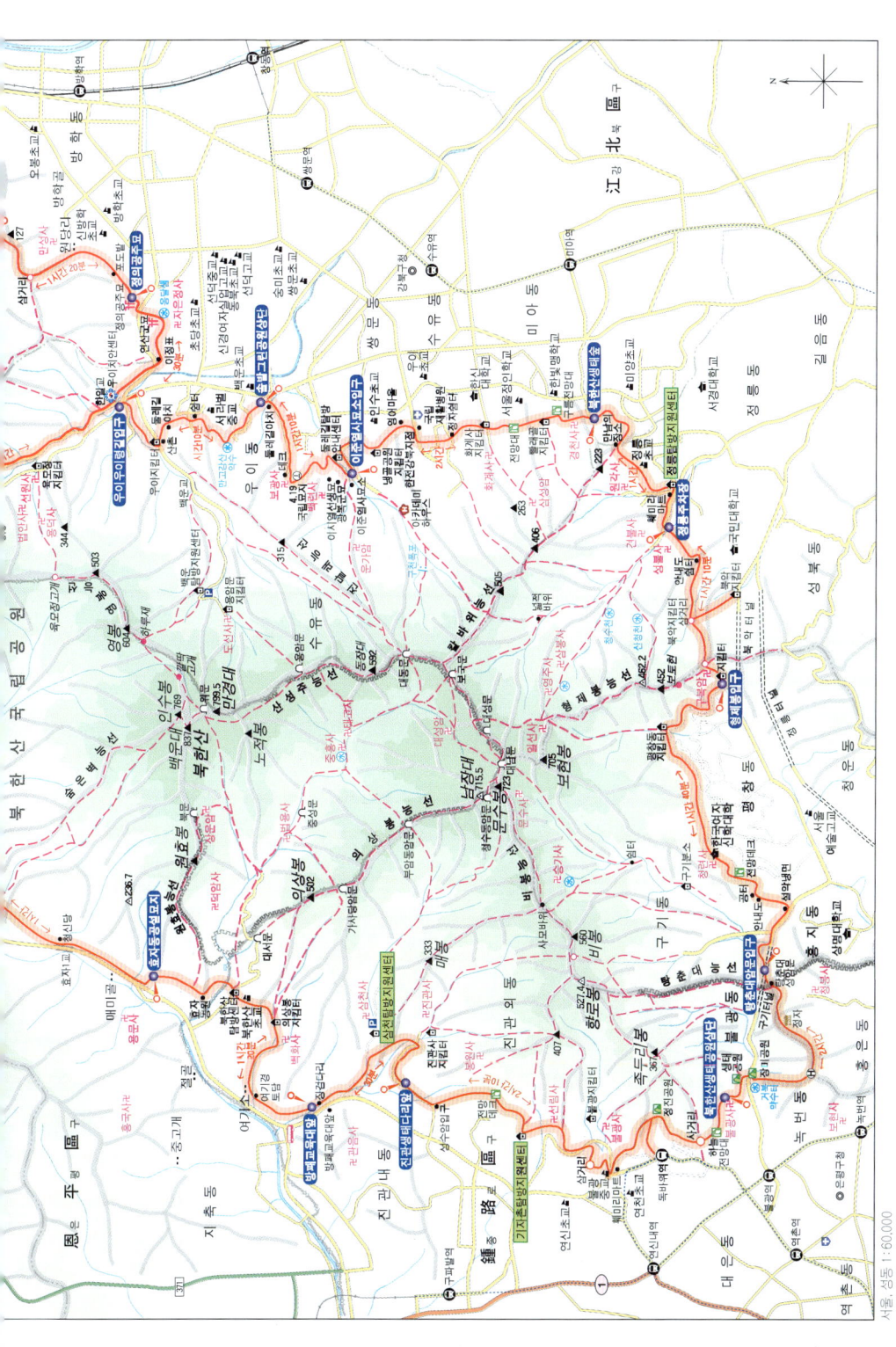

북한산국립공원 둘레길

북한산 둘레길

우이동치안센터~ 교현리 우이령길 입구
37.2km, 총 16시간 소요

우이동 우이령길 입구→70분→솔밭그린공원 상단→70분→이준열사묘역 입구→110분→북한산생태숲 앞→50분→정릉주차장→70분→형제봉 입구→80분→탕춘대성암문 입구→112분→북한산생태공원 상단→110분→진관생태다리 앞→30분→방패교육대 앞→70분→효자공설묘지→60분→사기막골 입구→60분→교현리 우이령길 입구.

※ 우이령길 우이동 우이령길 입구 → 교현리 우이령길 입구(총 3시간 소요)

1구간 : 소나무숲길
(우이령길 입구 ~ 솔밭그린공원 상단)
3.1km, 1시간 10분 소요.
4호선 수유역 3번 출구에서 120번 153번 버스, 종점 하차(도보 5분).

2구간 : 순례길
(솔밭그린공원 상단 ~이준열사묘소 입구)
2.3km, 1시간 10분 소요.
4호선 수유역 3번 출구에서 120번 153번 버스, 덕성여대 입구 하차. 길 건너(도보 5분).

3구간 : 흰구름길
(이준열사묘소 입구~북한산생태숲 앞)
4.1km, 1시간 50분 소요.
4호선 수유역 1번 출구에서 강북01번 마을버스, 통일교육원 하차.

4구간 : 솔샘길
(북한산생태숲 앞~정릉주차장)
2.1km, 50분 소요.
4호선 길음역 3번 출구에서 1014번 1114번 버스, 종점 하차.

5구간 : 명상길 구간
(정릉주차장~형제봉 입구)
2.4km, 1시간 10분 소요.
4호선 길음역 3번 출구에서 143번 110B번 버스, 종점 하차(도보 5분).

6구간 : 평창마을길
(형제봉 입구~탕춘대성암문 입구)
5km, 1시간 40분 소요.
4호선 길음역 3번 출구에서 153번 7211번 버스, 롯데삼성아파트 하차(도보15분).

7구간 : 옛 성길
(탕춘대성암문 입구~북한산생태공원 상단)
2.7km, 1시간 52분 소요.
3호선 불광역 2번 출구 건너편에서 7022번 7211번 7212번 버스, 구기터널 앞 하차.

8구간 : 구름정원길
(북한산생태공원 상단~진관생태다리 앞)
4.9km, 1시간 55분 소요.
3호선 불광역 2번 출구에서 구기터널 쪽(도보 10분).

9구간 : 마실길
(진관생태다리 앞~방패교육대 앞)
1.5km, 30분 소요.
3호선 연신내역 3번 출구에서 7211번 버스 진관사 앞 하차(도보 15분).

10구간 : 내시묘역길
(방패교육대 앞~효자동공설묘지)
3.5km, 1시간 10분 소요.
3호선 구파발역 2번 출구에서 34번 704번 버스, 임곡사거리 하차(도보 5분).

11구간 : 효자길
(효자동공설묘지~사기막골 입구)
2.9km, 1시간 소요.
3호선 구파발역 2번 출구에서 34번 704번 버스, 효자동마을금고 하차(도보 5분).

12구간 : 충의길
(사기막골 입구~교현리 우이령길 입구)
2.7km, 1시간 소요.
3호선 구파발역 2번 출구에서 34번 704번 버스, 사기막골 하차.

※ 교현리 우이령길 입구
3호선 구파발역 1번 출구에서 34번 704번 버스, 우이령길 입구 하차.

도봉산 둘레길

우이동치안센터 ~ 교현리 우이령길 입구
23.3km, 총 12시간 6분 소요

우이동치안센터 → 30분 → 정의공주묘 → 80분 → 무수골 입구 → 80분 → 다락원 입구 → 50분 → 원도봉 입구 → 150분 → 회룡지원센터 → 110분 → 안골계곡 → 120분 → 원각사 입구 → 106분 → 교현리 우이령길 입구

13구간 : 송추마을길
(원각사 입구~교현리 우이령길 입구)
5.2km, 1시간 46분 소요.
3호선 구파발역 2번 출구에서 34번 버스 이용, 원각사 입구 하차.

14구간 : 산너머길
(안골계곡~원각사 입구)
2.3km, 2시간 소요
1호선 가능역 1번 출구 남쪽 100m 거리에서 34번 버스 이용, 안골 입구 하차.

15구간 : 안골길
(회룡탐방지원센터~안골계곡)
4.7km, 1시간 50분 소요.
1호선 회룡역 3번 출구에서 서쪽 편으로 12분 거리 회룡탐방지원센터.

16구간 : 보루길
(원도봉 입구~회룡탐방지원센터)
3.1km, 2시간 30분 소요.
1호선 망월사역 3번 출구에서 서쪽 도로 약 1km 고가도로 밑에서 시작.

17구간 : 다락원길
(다락원~원도봉 입구)
3.3km, 50분 소요
1호선·7호선 도봉산역 1번 출구에서 의정부 쪽으로 1.5km 다락교 건너서 좌회전 ⇨ 다락원 뒤 다락원탐방센터까지 간다.

18구간 : 도봉옛길
(무수골 입구~다락원)
3.1km, 1시간 20분 소요
1호선 도봉역 3~4번 출구로 나와 도봉치안센터 앞에서 주말농장행 8번 마을버스(10분 간격)를 타고 주말농장 하차. 무수골 입구 세일교까지 간다.

19구간 : 방학동길
(정의공주묘~무수골 입구)
3.1km, 1시간 20분 소요.
4호선 창동역 1번 출구에서 1161번, 1144번.
7호선 노원역 3번 출구에서 1144번을 타고 연산군묘 하차.

20구간 : 왕실묘역길
(우이동치안센터~정의공주묘)
1.6km, 30분 소요.
4호선 창동역 1번 출구에서 1161번, 1144번을 타고 우이동 우이치안센터 하차.
4호선 수유역 3번 출구에서 120번, 153번 버스를 타고 우이동 120번 종점 하차.

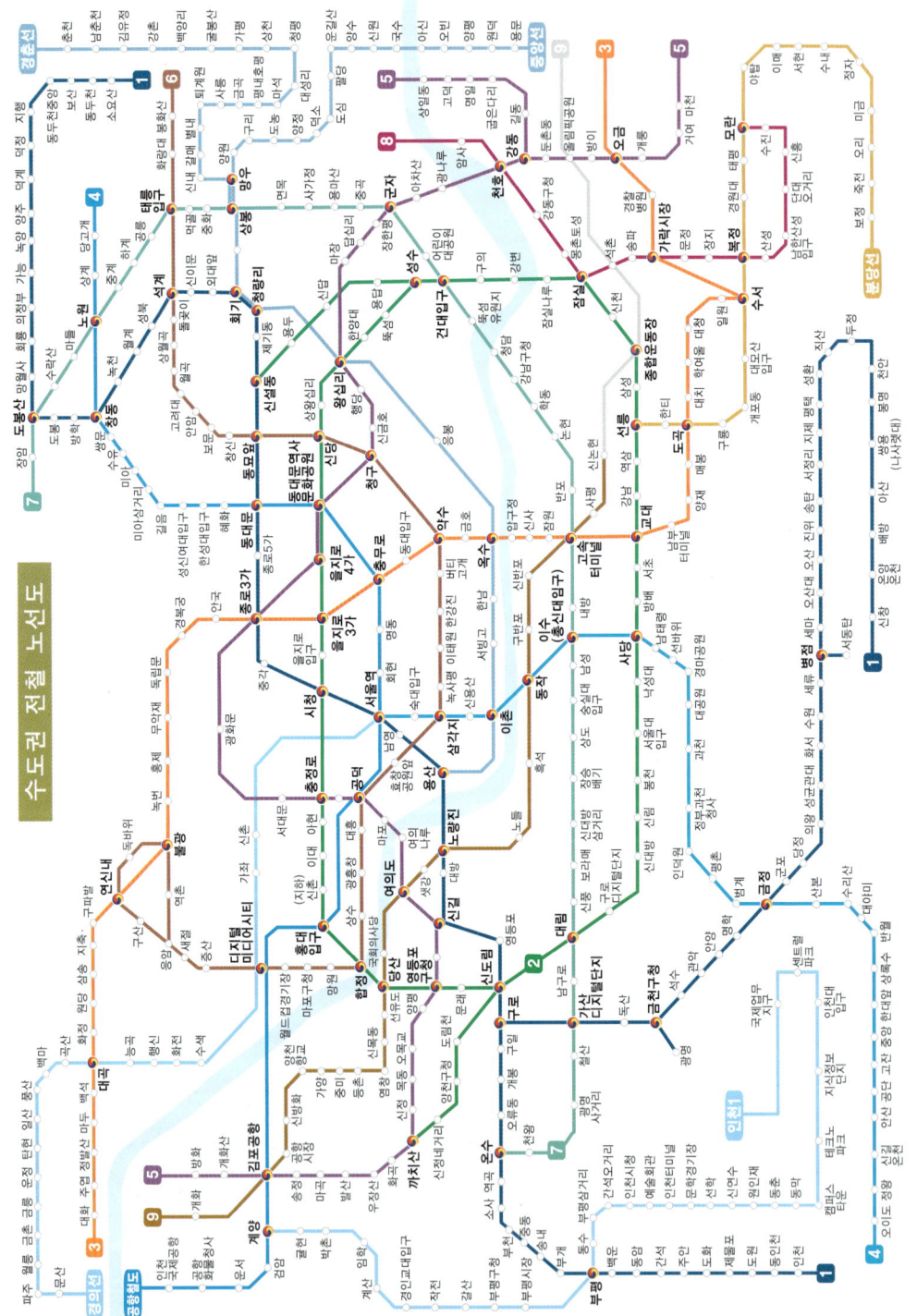